载歌行

张广鑫 赵慧英 主编

辽宁师范大学出版社

U0875247

张亍鑫 赵慧英 主编

辽宁师范大学出版社

献给辽宁师范大学建校55周年

序

诗河浩瀚，奔流不息。菁菁校园，物换星移。在宇宙生命时时刻刻的变迁中，每一时每一境的新鲜与精彩，都被这样一所校园中的一茬又一茬年轻人捕捉着、记录着、抒发着、传承着，于是诞生了这样一本诗集，一册以青春和校园为主题的心灵长卷。

青春是校园寒来暑往中不变的主旋律，而诗，正是青春之歌中最动人的节拍、最华彩的乐章。姣好的容颜、动感的年华、蓬勃的心，在字里行间生动着、鲜明着，成长为个体生命舒展自由的姿态，沉淀为上世纪50年代直至新世纪最初几年群体记忆中难以磨灭的深痕。

美学家朱光潜曾说，人人都有几分是诗人。虽然生活在象牙塔中的莘莘学子称不上诗人，但他们却有着诗心与诗兴，有着同样的诗人情怀——激昂澎湃的是对国家对民族热诚的讴歌；热力贲张的是对理想对信念无悔的执著；高华精妙的是对友谊对爱情热切的期待；深秀温婉的是对母校对故乡浓重的情结。尽管，年轻的笔触有时也略嫌稚嫩，四季的流转难免有些许重沓，未至化境的诗法使这些校园歌者的意象与情趣并不能尽如人意——但，因为青春，因为真诚，因为纯净，这些诗像朝露一样闪着太阳的光泽，像春花一样烂漫得自由自在，像泉水一样欢畅得叮咚作响。又因为胸怀鸿鹄，心系家国，这些诗也不乏忧患，不乏思索，在言情、说理、叙事、状物中自有一份厚重。难能可贵的是，一些教师也积极参与到文艺创作中，为这道青春风景线增添了更多的生气和神韵。

对于一座高等学府来说，厚重的人文关怀和文化底蕴必不可少，它是办学理念更新完善的土壤，是各项事业蓬勃发展的源动力。辽宁师范大学是一所文理兼备、人文社会科学基础尤为扎实的综合性大学，在校园文化建设上可谓多载体，多途径，多点开花，异彩纷呈。作为对建校55周年的纪念，荟萃《辽宁师范大学报》副刊诗歌佳作而成的《载歌行》称得上一件弥足珍贵的礼物，也为校园文化建设增添了浓重的一笔。

代代学子，把青春的风华镌刻在辽宁师范大学55年的征程上，带着不同的时代印记，书写着相同的人生追求。一卷在手，那些熟悉而亲切的名字，必定唤出如烟的往事，那些缤纷而快乐的日子必定重回眼前。不管是穆然沉思还是悠然遐想，心弦，就这样被拨动着，这，就是诗。

而它勾起的母校情结，也将联结起更多的校友、师生，共同为辽宁师范大学的改革发展倾注关怀、付出心力，使这片沃土结出更多更美的果实。

55年风雨兼程，春华秋实。虽然55年对一个人来说已足够漫长，但对一所大学来说，我们还正年轻。“红日初升，其道大光；河出伏流，一泻汪洋；潜龙腾渊，鳞爪飞扬；乳虎啸谷，百兽震惶。”以少年人的锐气与豪情直面机遇和挑战，辽宁师范大学必定迎来更加辉煌的前程！

辽宁师范大学校长 曲庆彪

目　录

激情放歌

◆歌颂你——和平的福星 …………………………………… 唐仁忠 · 2
◆赞美我们的时代 …………………………………………… 叶　枫 · 4
◆告别了,一九五八年 ……………………………………… 孟昭钧 · 6
◆欢呼古巴刚果人民的斗争 ………………………………… 吴恒山 · 8
◆辽河两岸话今昔 …………………………………………… 陈占贞 · 9
◆北大荒变了样 ……………………………………………… 邵庆武 · 11
◆师院附中少先队员向群英会献词 ……………………… 集体创作 · 12
◆碧血英魂
　　——献给烈士张志新 ………………………… 张建华　刘晓光 · 15
◆长城颂(散文诗) ………………………………………… 柳　笛 · 18
◆梅园的歌 …………………………………………………… 王鸣铎 · 20
◆凤凰更生歌
　　——献给三十一周岁的新中国 ……………………… 嘉　树 · 22
◆菊花诗社迎春献辞 …………………………… 丹桔、郑嘉、舒佺 · 24
◆我们八十年代的年轻人(歌词) ………………………… 程　征 · 26

◆干杯，为了新的一年！（散文诗）
——寄语年轻的朋友 …………………… 矫 健 · 27
◆闪光吧！团徽 …………………… 闻 见 · 29
◆奋进者的大旗
——给张海迪 …………………… 战 凯 · 31
◆时代的赞歌
——唱给优秀大学生刘文彦 …………………… 晗 炜 · 33
◆咏师大（三首） …………………… 王连生 · 35
◆前程似锦 …………………… 蔡仁礼 · 36
◆献给你，祖国 …………………… 于 杰 · 38
◆啊，摇篮
——献给辽宁师大 …………………… 谭忠印 · 40
◆荟萃苑
——校报发行百期纪念 …………………… 晗 炜 · 42
◆登高寄远 …………………… 阎恒凯 · 44
◆五星红旗下的奏鸣曲（组诗） …………………… 于 冰 · 45
◆咏怀一二·九运动 …………………… 田久川 · 49
◆一个汉子 …………………… 李 凯 · 51
◆庆祝中国共产党成立七十周年 …………………… 王鸿钧 · 53
◆马栏之恋
——向母校献辞 …………………… 校 友 · 54
◆五月的蝴蝶 …………………… 张宝来 · 59
◆一支唱给九月的歌
——献给第四届校园文化艺术节 …………………… 牧 云 · 61
◆毛泽东同志诞辰一百周年感赋 …………………… 颜邦逸 · 64
◆国魂·国旗·未来 …………………… 崔 轶 · 66
◆抗日战争胜利50周年感赋 …………………… 颜邦逸 · 68

◆草鞋
——纪念中国工农红军长征胜利60周年 …………… 刘筏筏 · 69
◆沁园春·吊小平 …………………………………… 铁 力 · 71
◆灵魂的歌者
——悼小平同志 ……………………………………… 朱峻峰 · 73
◆红蜻蜓
——希望工程之歌 …………………………………… 田丽维 · 76
◆香港回归畅咏 ……………………………………… 颜邦逸 · 78
◆金缕曲
——贺《辽宁师大报》创刊20周年 ………………… 石静波 · 79
◆五四,我为你高唱 ………………………………… 崔秀英 · 80
◆北约的导弹落在了我们头上 ……………………… 孟繁森 · 82
◆大连百年礼赞 ……………………………………… 李世刚 · 84
◆根深叶茂
——献给共和国50岁生日 …………………………… 陈琳琳 · 87
◆中国,烈火中永生的不死鸟 ……………………… 蒋璀玢 · 89
◆献给新世纪的歌 …………………………………… 彦 姝 · 91
◆游子吟 ……………………………………………… 高 蕾 · 93
◆辽师在我心中 ……………………………………… 朱正义 · 95
◆五十年校庆吟稿 …………………………………… 李佩金 · 97
◆心中的太阳 ………………………………………… 蒋晓冰 · 99
◆贺十六大胜利召开 ………………………………… 一 鸣 · 101
◆七一献歌 …………………………………………… 王佳音 · 102
◆最真的祝福
——写在第20个教师节 ……………………………… 牧 云 · 103
◆中华颂歌 …………………………………………… 赵慧英 · 107
◆满江红
——贺西山校区奠基 ………………………………… 王求实 · 114

心语流年

◆亲爱的伙伴…………………………………………………… 钢　人 · 116
◆七律
——赠新学友 ………………………………………………… 张嘉树 · 118
◆校园恋歌(散文诗)………………………………………… 张建华 · 119
◆朋友,我们还会重逢(散文诗)
——献给七七级毕业生 …………………………………… 陈明山 · 121
◆离校感赋…………………………………………………… 张嘉树 · 122
◆这土地,是我们的土地
——致新学友 ………………………………………………… 林　雪 · 123
◆写在金色的秋天(散文诗)
——献给八二级新同学 …………………………………… 矫　健 · 124
◆这片凝缩的时光…………………………………………… 刘兴雨 · 126
◆送你(外一首)
——给七九级同学………………………………………… 陆文采 · 127
◆列车转弯的时刻
——给毕业支边的同学 …………………………………… 刘兴雨 · 129
◆再见吧,母校(歌词) ……………………………………… 刘　力 · 131
◆告别校园…………………………………………………… 王晓峰 · 132
◆我思念……………………………………………………… 王　琳 · 134
◆告别………………………………………………………… 赵国庆 · 135
◆我们是年轻的白桦林
——致新同学 ………………………………………………… 姜　伟 · 137
◆是的,我要走了 ……………………………… 杨　田　刘永瑞 · 139
◆永驻,我的母校 …………………………………………… 徐成方 · 141

◆请记住这一时刻
——致新同学 …………………………… 刘惠汉 · 143
◆致别朋友…………………………………… 白宝明 · 145
◆单程车票…………………………………… 王秋生 · 146
◆未必
——给一位将毕业的朋友 ……………… 韦风华 · 147
◆非别离
——送给毕业生 ……………………… 杜　芳 · 148
◆写给流年…………………………………… 盛　晔 · 150
◆扬帆者的歌………………………………… 钱秀丽 · 152
◆季节………………………………………… 穆晨曦 · 154
◆辽师，我热恋的校园（外一首） ……… 王立权 · 156
◆大悲赋（并序）…………………………… 石静波 · 159
◆毕业生……………………………………… 郁　风 · 160
◆回眸………………………………………… 冯　雪 · 161
◆写给新生：青春在左，幸福在右（散文诗）…… 樊　菲 · 163

情暖学旅

◆送别
——一首分行的散文诗 ………………… 仲乃英 · 165
◆师院养育着我们…………………………… 尉常水 · 167
◆赞美我的师范学院………………………… 鸣　铎 · 169
◆献给梁宗巨教授…………………………… 曲圣文 · 171
◆游子悄吟
——写在暑假北行的列车上 …………… 林　雪 · 172
◆写给教育实习的同学（外一首）………… 肖应俭 · 173
◆燃烧的火把………………………………… 晓　山 · 175

◆丛林之歌…………………………………………… 冬　阳·176
◆怀念您——我的母校………………………………… 李家琳·177
◆绿色的藤萝(外一首)……………………………… 邹广桓·179
◆依恋………………………………………………… 永井忍·181
◆致…………………………………………………… 袁霞辉·183
◆重逢·分别………………………………………… 王淑品·185
◆九月的歌…………………………………………… 刘金利·186
◆写在难忘的日子…………………………………… 赵　刚·187
◆赠E君　…………………………………………… 钟新革·188
◆致远方(外二首)…………………………………… 姜　伟·189
◆多情的雨…………………………………………… 柳成淑·192
◆赠诗二首…………………………………………… 马继权·193
◆没有曝光的底片…………………………………… 李宝贵·195
◆献给母校的抒情诗………………………………… 姜　伟·197
◆炊烟………………………………………………… 栗　鸷·199
◆思念………………………………………………… 袁缙村·200
◆怀…………………………………………………… 鄢东石·201
◆摇篮之歌…………………………………………… 王秋生·202
◆你好！辽师大 …………………………………… 拉巴次仁·204
◆给母亲……………………………………………… 施　莉·206
◆等待………………………………………………… 张　霞·207
◆此刻和以后………………………………………… 张宝来·208
◆离校三部曲………………………………………… 牧　云·210
◆今天,我二十岁
　　——给母亲 …………………………………… 王大鹏·213
◆别…………………………………………………… 刘　颖·215
◆白色的慕念………………………………………… 原　虹·217

◆贺潘峰荣膺市青年科技十杰……………………………… 魏泽生 · 218
◆园丁赞……………………………………………………………… 陈洪海 · 219
◆我走后的校园，天空还那么蓝吗？ ………………………… 王贵波 · 221
◆离别情……………………………………………………………… 吴 琼 · 222
◆献给老师（外一首）………………………………………………… 一 鸣 · 223

四季物语

◆校园的春天（散文诗）………………………………………… 丹 桔 · 226
◆校园的早晨………………………………………………………… 王一波 · 227
◆呵，报廊 …………………………………………………………… 鸣 铎 · 229
◆山坡上我栽下一棵小树…………………………………………… 王惠祖 · 231
◆天山牧场…………………………………………………………… 何 元 · 232
◆灯光………………………………………………………………… 李 阳 · 233
◆家乡，多么美好 …………………………………………………… 马丽如 · 234
◆校园（散文诗）……………………………………………………… 朱士如 · 235
◆我们的校园………………………………………………………… 胡保国 · 236
◆家乡的路…………………………………………………………… 马继权 · 237
◆晨读………………………………………………………………… 王 威 · 238
◆早晨的操场………………………………………………………… 李树兴 · 240
◆甘甜，在流淌 ……………………………………………………… 晗 炜 · 241
◆教室的窗口………………………………………………………… 王晓峰 · 242
◆北方的冬天………………………………………………………… 战 凯 · 243
◆校园短歌（散文诗）………………………………………………… 张建华 · 244
◆四季素描（散文诗）………………………………………………… 东 缨 · 246
◆故乡的印象………………………………………………………… 韩嘉栋 · 248
◆春天
——给少男少女们…………………………………………………… 何子谦 · 249

◆十月的乡村……………………………………………………侯　鹏 · 251
◆写在春天的诗笺上(三章)………………………………………董光伟 · 253
◆菊思………………………………………………………………矫红本 · 254
◆咏物诗三首………………………………………………………刘汉宏 · 256
◆乡情………………………………………………………………姜　伟 · 257
◆别…………………………………………………………………刘　洁 · 259
◆新年之前
——有关明信片的话题　……………………………………安　娜 · 261
◆乡情………………………………………………………………张运波 · 262
◆春之校园(外两首)………………………………………………傅海峰 · 263
◆雪恋………………………………………………………………邹素妍 · 265
◆冬季之后…………………………………………………………何长江 · 266
◆晚风的思绪(散文诗)……………………………………………王秋生 · 268
◆无影无迹…………………………………………………………孙　悦 · 269
◆六月絮语…………………………………………………………张　霞 · 270
◆五月槐香…………………………………………………………牧　云 · 271
◆五月的情思………………………………………………………张　阳 · 272
◆剪影乡情…………………………………………………………田丽维 · 274
◆故乡·童年………………………………………………………孙宝奎 · 275
◆岁寒三友…………………………………………………………滕　瑜 · 277
◆喜欢春天…………………………………………………………张增娇 · 279
◆花开的声音………………………………………………………常可娃 · 280
◆诗与春天有关……………………………………………………梅胜民 · 281

砺志畅怀

◆田野上的颂歌……………………………………………………沈正之 · 283
◆我的志愿理想……………………………………………………茔　石 · 285

◆采矿……………………………………………………………胡振雕·287
◆发令吧,亲爱的党 ……………………………………………张海波·288
◆茶话会感言……………………………………………………宋　民·290
◆讲台抒情………………………………………………………张如芳·291
◆一分钟的歌
　　——献给青年朋友……………………………………………巩其庄·293
◆旅顺咏怀………………………………………………………田久川·296
◆跋涉
　　——献给萧红的诗……………………………………………陆文采·298
◆赠日本朋友……………………………………………………田久川·299
◆青春啊…………………………………………………………东　缨·300
◆浪花的信念(散文诗)…………………………………………晨　鸣·302
◆生活……………………………………………………………李富君·303
◆你,在想些什么?
　　——真挚的直白 ……………………………………………戴　翼·304
◆走出黄土地……………………………………………………马继权·306
◆男人河…………………………………………………………马继权·308
◆星星……………………………………………………………齐忠伟·311
◆青春的历程……………………………………………………姜　伟·313
◆绿色的希望……………………………………………………张林娜·315
◆沁园春·抒怀…………………………………………………宫黎明·316
◆我不相信………………………………………………………忠　伟·317
◆年龄……………………………………………………………刘惠汉·319
◆终点图腾………………………………………………………孟曙光·321
◆起程,我不回头 ………………………………………………常志鹏·322
◆钟声或回忆……………………………………………………王秋生·324
◆细诉……………………………………………………………徐晓丽·325

◆汨罗怨

——旅顺鸡冠山怀古 …… 王　遐 · 326

◆海(组诗) …… 刘宝斌 · 327

◆沙粒的诉说(外一首) …… 张甲利 · 329

◆绿色的纪念 …… 陈建新 · 331

◆把今天给我 …… 刘永川 · 333

◆山乡记事(组诗) …… 姚婉琳 · 335

◆日记 …… 王金鹏 · 338

◆寻觅幸福

——读海明威的《老人与海》 …… 刁　鹏 · 340

◆春天的文字 …… 刁　鹏 · 342

◆年轻的岁月·绿色的风

——赠教官 …… 孙晓波 · 344

◆旅俄抒怀 …… 景　禹 · 346

◆教官——军人·老师·朋友 …… 李铁松 · 348

◆老将行(外一首) …… 颜邦逸 · 350

◆热爱生活 …… 温长军 · 351

◆大连题咏 …… 颜邦逸 · 353

◆蒲公英 …… 蒋晓冰 · 354

◆少年游 …… 石静波 · 355

◆心的呼唤 …… 马　闻 · 356

◆人生日记 …… 刘　影 · 358

◆沙砾·风 …… 王　丹 · 359

◆如梦令·冬月游千山 …… 长　川 · 360

◆后　记 …… 编者 · 361

激情放歌

有客从塞外归来
说长城上的风声
是一曲凝重的交响
将历史的悲欢与激昂
幕幕展开

歌颂你——和平的福星

唐仁忠

像迅雷，像闪电，
你飞驰在浩瀚无垠的宇宙间。
带着人类智慧的钥匙去开天国之门，
你要把金星火星问讯。

你看，嫦娥在翩翩飞舞迎接你的光临，
你听，牛郎在横吹仙笛伴合你豪壮的声音；
群星已眨起了惊愕的眼睛，
羡慕你这个来自人间的红色星辰。

你的神威已将宇宙震撼，
茁壮的身躯怎不使人惊叹；
四大金刚比不上你的浑圆，
吨半的体重已赛过十八罗汉。

最可笑的是美国的小小弹丸，
不够你的零头，轻得实在可怜，
先天不足，又经过多次的难产，
哪像你异常顺利地降生在人间。

是伟大的苏联母亲把你育养，
是英雄的苏维埃人民将你送上了青天。

你乘着强劲的东风飞转，
带着真理、和平的宣言。

你将正义的声音呼喊，
让原子狂人心惊胆战；
你把和平的福音传送，
善良的人们为你狂欢。

你是征服宇宙的第三颗信号，
再一次开创了人类的新纪元。
踏着你驰过的光辉足迹，
人们将去创造天上的人间。
我们用红色的歌声把你歌唱，
我们用热情的诗篇将你颂赞；
为你这和平的福星祝福——
愿你永恒地遨游在苍茫的宇宙间！

刊于1958年5月28日第18期

赞美我们的时代

叶　枫

编者按：这是我院田径代表队在赴省参加比赛的归途中，于列车上自动充当乘务员，受到了旅客的表扬。这首诗就是一旅客因有感而作，我们将原诗全文发表如下：

我要唱一支赞美之歌，
赞美我们伟大的时代；
新人新事层出不穷，
到处是温暖，
幸福的花儿到处开。

在这飞奔的列车上，
我们遇着奇怪的旅伴。
胸前戴着大学生的徽章，
扫地、倒痰、刷厕所，
干劲十足真勤快。
扶老携幼找座、拿包，
服务态度多和蔼。
老大娘看到牌牌很感奇怪，
孩子们哪儿去？
是从什么地方来？
我们是大连师专的学生，
去沈阳参加体育比赛。

路上做了点小事，
老大娘您不要客气，
为人民服务理所应该。

这是多么谦逊的豪语呀！
这种格外享受使人心神愉快。
旅客为旅客服务，
真是亘古罕见，
只有我们伟大的时代！

刊于1958年7月7日第24期
作者为长春3563部队战士

告别了，一九五八年

孟昭钧

在除夕的深夜里，
让我们欢聚一堂。
静悄悄地等待一九五九年时钟的
　　第一响。
告别了，一九五八年。

元旦之辰，
我们举行团拜，彼此诚恳地祝福……
同学之间焕发着青春的光彩，
我们都以无比愉快的心情迎接
　　新的年代。

让我们静静地回想一下，
过去的一年，
祖国的飞跃发展和党的亲切教导，
同学思想的进步真值得我们骄傲。

告别了，伟大的一九五八年，
我们是自觉的共产主义者。

我们不但没有辜负了您，

而且，还将用更大的成绩来迎接

一九五九年……

刊于1958年12月31日第39期

作者为地理系一年三班学生

欢呼古巴刚果人民的斗争

吴恒山

让我们欢呼
和平巨浪的汹涌。
让我们高唱
反殖民主义的凯歌。
是时候了,
为和平、独立、民主而战的人民,
起来吧,像古巴、刚果人民一样,
用不屈不挠的斗志,
挥起铁臂刀枪,砍倒一切独裁者,
踢倒统治人民的蠢猪、偶像……
把殖民主义者,
葬送在太平洋。
让人民的呼声,
震碎帝国主义的心。
起来吧,
殖民主义者的掘墓人,
为真理而战的人民,
为和平而战的勇士,
胜利就在眼前,
胜利将属于为和平而战的你们!

刊于 1959 年 1 月 29 日第 3 期
作者为中文科五班学生

辽河两岸话今昔

陈占贞

（一）

辽河水，日夜流，
往日流得两岸愁。
村头洪水退，
保长逼租税。
边外逃荒躲租粮，
腊月身披单衣裳。

（二）

辽河水，日夜流，
流来幸福流去愁。
解放红旗飘，
人民歌声高。
唱得家乡水利化，
又唱人民公社好。

（三）

辽河水，日夜流，
两岸幸福没有头。
平原起高楼，
遍地走铁牛。
鱼帆归来歌声高，

河流千里稻花飘。

（四）

辽河水，日夜流，
两岸幸福没有头。
高歌大跃进，
喜庆大丰收。
紧紧跟着共产党，
一心向前跑步走。

刊于1959年10月1日第6期
作者为中文系六三·五班学生

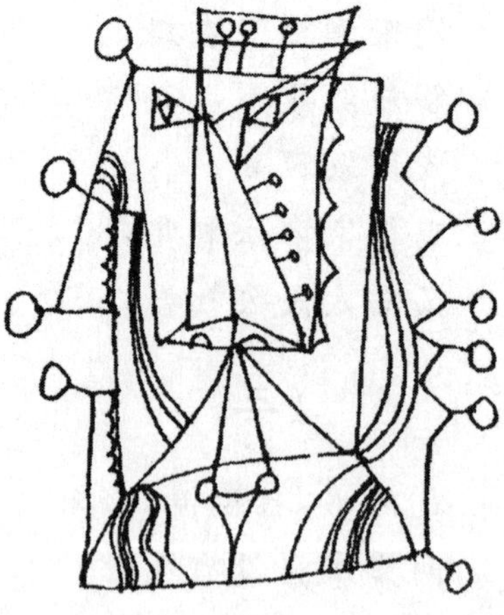

北大荒变了样

邵庆武

北大荒有我的故乡，
如今故乡变了样。
十年前的北大荒，满目荒凉：
荒草满山野，
松、杉、柞、榛遍山岗，
鸟兽鱼虫称王，
冬天冰雪封天地，
举目白茫茫。
北大荒啊，如今变了样，
那儿成立了人民公社，
那儿盖起了工厂和楼房，
那儿修筑了铁路、桥梁。
那儿拖拉机突突响，
那儿汽车往来奔忙。
那儿的粮食堆成山，
那儿的牛羊遍山冈。
今天的北大荒，
火车在奔跑，
客机在飞翔，
北大荒啊，如今变了样。

刊于1959年10月1日第6期
作者为物理系六〇·一班学生

师院附中少先队员向群英会献词

集体创作

亲爱的叔叔、阿姨们：
亲爱的大哥、大姐们：
我们附中的少先队员，
荣幸地来参加这次隆重的大会。

这是庆贺功绩的大会，
　　群英聚集的大会，
让我们祝贺你们：
在跃进的年代里，
为我们可爱的祖国
　　作出了贡献。
祝贺，祝贺！
祝贺你们的伟大贡献。

工人叔叔们，奋战在炼钢炉旁，
农民伯伯们，深翻细作多打粮。
各行各业大跃进，
东风进一步压倒西风。
亲爱的叔叔、阿姨们：
你们是文教战线上的英雄。
我们怀着兴奋的心情，
向你们致以崇高的少先队礼。

敬礼，敬礼！
向亲爱的叔叔阿姨们，
敬礼！

在这会场上，
有敬爱的教师伯伯，
你们为培养新的人民教师，
　　废寝忘食，
在夜静人稀，大地已经酣睡的时候，
你们还坐在窗前灯下，
一遍一遍地考虑第二天的教学，
一字一句地修改同学们的作业，
敬爱的伯伯：
请接受我们最响亮的颂歌，
　　最鲜艳的花朵。

在这个会场上，
还有敬爱的大哥、大姐。
你们为使自己，
成为人类灵魂的工程师，
积极学习领袖的著作，
联系思想，联系实际，
在思想上积极向上，
在学习上刻苦钻研。
你们真不愧是我们的榜样，
是我们明天的老师。
可敬的大哥、大姐：
你们永远是我们的榜样，
请接受你们的学生的敬礼！

花儿靠雨水滋长，
万物靠阳光生长，
在伟大的党的领导下，
可爱的祖国展翅飞翔。
我们少先队员们，
坚决听党的话，
为了党和祖国，
时刻准备着！

花儿为什么那样芬芳，
万物为什么迅速成长，
毛主席使花儿芬芳，
党教育你迅速成长，
预祝你们在新的1960年，
为党的事业作出更大的贡献。
在明年的群英会上，
将和更多的叔叔阿姨们会见！

刊于1960年3月5日第7期

碧血英魂

——献给烈士张志新

张建华　刘晓光

阴霾笼罩着苍茫茫的夜空，
风雨拍打着黑洞洞的窗棂。
啊，那是谁，铁窗前昂然矗立，
像一株挺拔的松柏，
像一座崛耸的山峰。
啊，那就是你呵，张志新，
黑牢里迎接母亲诞辰的又一个黎明。
精致的红花在胸前颤抖，
战斗的檄文攥在手中。
清透的眉宇聚燃着爱和恨的火焰，
深邃的双目遥寄着对党的忠诚。
快吐出来吧，胸中的怒火，
对着漫漫的长夜——
让它把世界烧个通红。
快喊出来吧，心底的呼声，
对着沉寂的大地——
唤醒千千万万个精灵。

当跑马云淹没乾坤太阳的时候，
是你化作强劲东风，
　　驱霾荡雾，在云海驰骋。

当飓风暴雨压向神州大地的辰刻，
是你如钻天的雄鹰，
　　搏击雷电，振翅凌空。
多少个憔悴的暑夏，
多少个凛冽的寒冬。
你用遒劲的战笔，
　　书写出吊民伐罪的真理答辩。
你用清脆的音喉，
　　抒发出九亿人民的心灵之声。
你用无声的泪水，
　　汇聚成滔滔长河的拍天怒浪。
你用满腔的热血啊，
　　浸染的党旗彤红彤红。
啊，这是场生与死的鏖战，
　　到处都闪现着刀光剑影；
这是个真与假的论争，
　　几经反复才能泾渭分明。
它胜似那草根的苦涩，雪峰的峥嵘，
它胜似那炮火的硝烟，战场的弹影。
因为，它发生在社会主义的芙蓉国里，
　　无产阶级专政的国家中。
正是这新的战斗烈火，
炼就你心红胆赤，钢骨铮铮。
为真理，你舍弃了亲人儿女，
为了党，你受尽了辱骂欺凌。
你常说“要革命吗，就应该是个强者”，
这就是一个共产党员的宽阔胸襟，
这就是一个革命战士的伟大尊容。

啊，张志新——永生的战士，
你血管里奔流着丹娘的血液，
　　浩气长存，英姿永傲苍穹。
你身上熔铸着江姐的胆略，
　　视死如归，表现了崇高品性。
你有着红岩上松柏的性格，
　　宁折不弯，经受着电击雷轰。
你有着火一样奔放的热情，
　　化作岩浆，奔腾在南北西东。

你将悲壮地离去了，
你将无愧地结束一生。
高山哀恸地呼唤着，
　　再看一眼吧，祖国的锦绣山城。
大海无声地拨响了琴弦，
　　再听一曲吧，神州黎明的钟声。
啊，张志新——党的好女儿，
你的生命永远不会停止。
你的英魂将化作青锋利剑，
　　刺破虚伪，刺破沉闷，
　　刺破妖雾邪风。
你的碧血将化作涓涓细雨，
　　洒遍江河，洒遍大地，
　　洒遍九亿人民的心中。

刊于1979年7月15日第2期
作者为政史系77级学生

长城颂（散文诗）

柳　笛

浩瀚的大海啊，请放声歌唱，歌唱人民的子弟兵；巍峨的群山啊，请挥舞激情的彩笔，赞颂我们伟大的长城……

此刻啊，“金星八一”的战旗，把祖国的蓝天映红；在九百六十万平方公里的土地上，展示出一幅壮丽的图景：从白浪涛涛的乌苏里江到郁郁葱葱的南陲丛林，从碧波滚滚的万里海疆到白雪皑皑的昆仑哨卡；多少战士紧握钢枪，目光炯炯，多少舰艇乘风破浪，守卫海疆；多少战鹰展翅飞翔，捍卫领空……英雄的人民军队，在广袤辽阔的国土上，布下了人民战争的天罗地网，筑成了坚不可摧的钢铁长城！

站在时代的高山之巅，回首历史的群峰；英雄的人民军队，走过了五十二载光辉里程。南昌城上，旌旗猎猎，炮声隆隆；三湾村头，梭镖闪闪，战鼓咚咚。“工农武装割据”的烈火，燃遍了三湘四水，罗霄五井。遵义会议的光芒，指引你跨过雪山草地，会师陕甘宁；延安窑洞的明灯，指挥你逐鹿中原，北战南征，赶走了东洋兵；西柏坡发出的战斗号令，指挥你决战辽沈、淮海、平津；雄师百万越天堑，蒋家王朝地裂山崩！

五十二年风雪长征路，五十二年风雨变沧桑。党指挥着枪杆子，驱散了重重妖雾，终于迎来了山河气象新、神州春意浓。

革命的征途啊，绵绵万里；历史的长河啊，滚滚向东；伟大的长城啊，你又吹起新的战斗号角，为人民再立新功！在火红的战旗下，我看到你魁伟的身影；在祖国的南疆防线，我看到你雄壮的阵容！友谊关前，北仑河畔，到处摆开杀敌战场，为了捍卫祖国的每一寸土地，把穷凶极恶的侵略者严惩！

哪怕那腥风血雨、刀树剑丛；哪怕那北极熊嗥叫、小霸王逞凶！我们有无产阶级专政的坚强柱石，社会主义江山的捍卫者，伟大的长城——人民子弟兵！

写于一九七九年八月一日

刊于 1979 年 8 月 25 日第 3 期

作者为《辽宁师范大学报》编辑

梅园的歌

王鸣铎

在一个深秋，我来到南京，瞻仰了周总理当年住过的梅园新村三十号，缅怀先辈，记下了这支歌……

那是一九四六年的初夏，
南京，还在黑暗中挣扎。
乌云遮盖了紫金山顶的宝塔，
沉雾笼罩着玄武湖面的荷花。

忽然，从东方飞来一颗金星，
瞬间，石头城落下了万朵红霞。
喜讯张开翅膀在飞传——
“来了，周恩来带着光明来了！”……

幸福的梅园新村三十号，
快梳妆，把中国巨人迎迓！
翠柏陪伴着吐绿的葡萄，
柳丝轻拂着如火的榴花。

红艳艳绽开一朵俏丽的腊梅；
呼啦啦燃起一支烛天的火把。
从此，梅园化作一柄利剑，
小小的庭院似奔腾着千军万马……

谁说这里像大海孤舟——
陕北延安是领航的灯塔。
谁说这里竟与世隔绝——
红色电波天天和毛主席通话。

告诉长江水:准备迎接吧,
百万雄师要把天堑飞跨!
告诉莫愁湖:露出笑脸吧,
伪总统府将要红旗高挂……

告诉中外记者:请记住,
南京,我们一定要回来!
告诉全世界:请相信,
新中国,必将是无产阶级的天下……

看今天:征途万里,大军九亿,
祖国正跨上"四化"的骏马。
想明日:千般美景,万幢大厦,
斟琼浆玉液再为忠魂洒……

呵,到梅园来的战友:不只是拣回
一两片树叶,三四块石子。
留下吧:写满胜利的红喜报,
献给周总理的报春花……

刊于1979年11月15日第6期
作者为外语系78级学生

凤凰更生歌

——献给三十一周岁的新中国

嘉　树

春潮涨了，春潮涨了，死了的凤凰更生了。

——郭沫若　《凤凰涅槃》

序　曲

公元一千九百四十九年。在茫茫的宇宙中，在莽莽的地球上，横空出世，飞起了一只美丽的凤凰。她沐着春风，披着霞光，告别了几千年硝烟弥漫的战场……

啊，凤凰，中华儿女的母亲，黄河子孙的希望，你来自这里，飞向何方？三十一个春夏秋冬，你由生到死，由死复生，写下了可歌可泣的历史篇章……

悲　歌

仿佛是昨天。苍天呀，黑暗如漆；大地呀，冷酷如铁！一夜间，鸱鸮们成了世间的霸王。火影，血光，红色的海洋，践踏了你呀，青年的凤凰！他们揪下了你的羽毛，奉给梦想登基的“女皇”，他们割断了你的歌喉，只让鹦鹉去唱他们的“帮腔”。他们挖掉了你的眼睛，打断了你的翅膀，用你的血染红桂冠，用你的肉榨成酒浆……你呻吟，你呐喊，你哭泣，你反抗！可是，光明被埋葬，真理被埋葬，天空里，只有星星在流泪，大地上，只有小草在歌唱……一场野火，烧掉了一切。在这凶恶的烈火里，你——死了！

春　潮

春潮涨了，春潮涨了，死了的凤凰更生了。更生了！更生了！不死的凤凰更生了！

新生的凤凰啊，你为什么又在流泪？是喜悦还是悲伤？透过泪眼，你看到了什么？——洲际导弹和牛拉犁，摩天大厦和茅草房，录音机，电视，煤油灯，计算机，乞丐和文盲……你看到了现实，看到了希望，看到了暗影，看到了光芒！于是，你为了儿女，为了子孙，勇敢地飞起来了！新生的凤凰呀，你生动、自由、雄浑、悠久，你驾着民主与科学的东风，沐着文明和智慧的阳光……

新生的凤凰啊，你从烈火里飞出，更憎恶所有的牢笼框框。你把炯炯的目光投向宇宙，那儿，不仅有一个太阳；透过银河系，你看到了更远的天堂！新生的凤凰呀，你新鲜、净朗、华美、芬芳，你有蓬勃的朝气，你有无穷的力量，你从内心到外表都是美的呀，重放的鲜花又给你披上了五彩的新装。

新生的凤凰啊，我可爱的祖国！我爱你，到处都是活跃的创造，到处都是日新月异的进步；智慧将代替了愚昧，友爱将代替了仇杀。大会堂里，又挂起庄严的国徽，南疆北国，春风唤醒了沉睡多年的爱情与理想……新生的凤凰哟，你热诚、挚爱、欢乐、和谐，十亿儿女不再是打上"烙印"的仇敌，祖国母亲又骄傲地站立在世界的东方！

欢　唱

公元一千九百八十年。更生了。一切的一，一的一切，更生了！新生的凤凰啊，穿云破雾，扶摇直上。世界在观望着她，历史在注视着她！她搏击狂风，拍打海浪，勇敢地翱翔，纵情地欢唱。翱翔，翱翔，欢唱，欢唱，越过星光灿烂的夜空，飞向冉冉升起的朝阳……

刊于 1980 年 9 月 22 日第 9 期

作者为政治系 77 级学生

菊花诗社迎春献辞①

新春之际，菊花诗社诸友定题限韵，得此律诗一组，现奉与读者，以求共勉。

迎新志感

丹　桔

几度悲欢逐逝波，笑谈社鼠梦南柯。
金鸡一唱黎民乐，玉棒千钧喜讯多。
地覆天翻成众志，日新月异邃群科。
铁肩妙手勤相勉，似水流年勿蹉跎。

恰似春风一夜吹，梨花万树映红梅。
三年已泛无涯去，四载还期有径归。
芳草芊芊蜂蝶舞，新蹊攘攘李桃随。
园丁满月丰收景，把酒凝思笑意微。

春日淬语

郑　嘉

喧嚣几日付流波，小丑黄粱执斧柯。
大圣除妖求务尽，雄鸡唱晓和须多。
孔明紫气无心隐，摩诘红尘不首科。
四面群英齐踊跃，余生有限敢蹉跎？

① 中文、政治两系77级的几位旧体诗爱好者于去年秋结成的兴趣小组。

竹爆神州暖气吹，皑皑瑞雪绽春梅。
十年浩劫廉颇去，万马奔腾伯乐归。
杨柳依依湖作伴，涟波渺渺影相随。
芳亭畅饮甘醇盏，梦醒犹余酒力微。

辛酉抒怀

舒　佺

出生入死转如波，侥幸童儿抚烂柯。
力有亏空方恨少，知无贯满更求多。
朝朝运动期颐寿，暮暮钻研若许科。
一秒千金谁肯易？红尘孽障最蹉跎。

明陵雪案朔风吹，笑语华旸几点梅。
祸患惶然泉下遁，青春莞尔镜中归。
留芳每自寻芳始，面壁终于破壁随。
异想天开行必果，坚从信仰莫卑微。

刊于1981年3月12日第1期
作者为政治系、中文系77级学生

我们八十年代的年轻人(歌词)

程 征

像雄鹰翱翔在高高的蓝天上，
我们八十年代的年轻人壮志凌云胸怀宽广。
牢记党的教导，背负人民的希望，
继承先辈的遗志，把历史的重任担肩上。

像骏马奔驰在辽阔的草原上，
我们八十年代的年轻人朝气蓬勃奋发向上。
开展“五讲四美”建设社会主义精神文明，
争分夺秒干四化，快马加鞭向前闯。

像海燕奋飞在辽阔的海面上，
我们八十年代的年轻人意气风发斗志昂扬。
不畏艰难险阻，勇攀科学高峰，
鼓起理想的风帆，乘风破浪向前方。

刊于1982年5月8日第5期
作者为中文系78级学生

干杯，为了新的一年！（散文诗）

——寄语年轻的朋友

矫　健

人生最有趣味的事情，就是送旧迎新，因为人类最高的欲求，是在时时创造新生活。

——李大钊　《新纪元》

这人类灵魂工程师的摇篮，多像奔驰在岁月长河里的巨船，度过了昨天，迎来了今天，又面临着明天。驶过了春华秋实的海岸，阅尽了日月星辰的更换。此刻呵，它又将送走旧岁的最后一个黄昏，迎来新年的第一个黎明……呵，新的一天，新的一年！新的局面，新的纪元！你听，北京的钟声就要鸣响，快举起手中的酒杯吧——朋友，干杯，为了新的一年！

在这辞旧迎新的时刻，谁不感慨万分，联想翩翩？难道你能忘记过去的时光，心中不曾怀恋？也许，昨天给你的回忆有时是甜蜜和幸福的，有时却是痛苦的，以至使你悔恨万千，像是打翻了五味瓶，酸甜苦辣咸俱全。纵然如此，回忆，总能唤醒未来，使你力量更添！此时，你能不憧憬美好的明天？也许，你渴望着自己精神上的升华，像盼望着那新年的第一次日出——一个闪光的新起点……呵，辞旧迎新的界限是历史赋予你的一条新刷出的雪白的起跑线，跑下去吧，朋友，跑向一个永无止境的目标，一个更高的起点。

三百六十五天，弹指一挥间。在新的一年就要到来的时候，朋友，你在想些什么？你又如何对待今天？今天呵，又将成为明天的昨天，为了明天的回忆，最好不要在夕阳西下时去幻想什么，而要在旭日东升时投入生活，潜心钻研。青春，像骄傲的天使，一旦分手，将驷马难追，永不返还。要让青春永驻你的生命，须将手边流过的寸寸光阴织成多彩的春之花环……

朋友呵，你身居这幸福的摇篮，切莫忘记母亲的呼唤。人民期待着你，祖国召唤着你，你将如何度过青春，写上那长长的绿色诗篇？干杯吧——朋友，为了新的一年！

刊于1982年12月9日第11期

作者为政治系79级学生

闪光吧！团徽

闻　见

当开国的礼炮中升起五星红旗，
当翻身的土地洒满金色朝阳，
铁打的镰收来了第一捆麦穗，
钢淬的锤锻成了第一个齿轮，
这金闪闪的共青团徽章呵，
铸入我们的青春、我们的希望，
铸入我们的信念、我们的理想。

戴着它，心头搏动着火红的年华，
戴着它，胸前燃着金子般的闪亮。
这闪亮横贯高山峻岭，
这闪亮流满长江大河，
东西南北呵，
哪里有进军的队伍，
哪里就有火红的年华、团徽的闪光。

曾一度，金子般的闪光黯淡了。
我们寻找着……
寻找着失掉的信念和理想，
寻找着流落的青春和闪光。

终于，像闪亮的小星守卫在星座上，
静静地迎来黎明的闪光。
阳光下红旗更红，
红旗下阳光更亮。
那第一缕成实的麦穗，
把种子洒遍了祖国的南山北乡；
那第一个坚实的齿轮，
飞转在现代化机器上。

在街头广场，在村落矿港，
在丰产的责任田里，
在高速飞旋的钻机旁，
在精确的计算尺下，
在草绿的军帽和鲜红的军徽上……
哪里有进军的队伍呵！
哪里就有火红的年华、团徽的闪光！

刊于1983年1月25日第1期
作者为校机关干部

奋进者的大旗

——给张海迪

战　凯

飘飘秀发
朗朗语音
还有一颗纯洁勇敢的心，
在生命的履历表上
书写了多么有力的一笔！

病弱之躯傲然挺立
因为挡住一切逆流的
　　是十三万铅字铸成的大堤；
艰难的心散发着广博的爱
因为温暖冷酷实际的
　　是从心底发出的无私深意。

你是精神富翁
金钱在你面前失去意义，
你是一面镜子
使虚度年华的庸人自容无地，
你是迷惘者的路标

你是奋进者的大旗
在四化的征途上
你将永远光彩熠熠！

刊于1983年3月15日第2期
作者为中文系81级学生

时代的赞歌

——唱给优秀大学生刘文彦

晗　炜

刘文彦
一个响亮的名字
像是陌生
却又是久久在人们中间流传
一颗普通的心
为什么与千万人心相连
一个平凡的大学生
为什么能将名字留在人们心间
一个简短的答案
有如你的性格一般朴实
像你的入党申请一样精练
“不忘人民养育情”
一切接受党考验
愿做海螺让人当号角
甘当火柴光明献人间
你设计的是一个朴朴实实的现在
　　是一个光光亮亮的明天
你和雷锋、张华一起
组成了新中国青年的先进系列
向利己主义人生哲学大胆挑战
一部生动的教科书告诉我们

当代青年该怎样扬起生活风帆
八十年代大学生该怎样报效人民
　　担起振兴中华的重担
放心吧，刘文彦
后来人将把你的精神发扬光大
同时代的青年将踏着你的足迹
　　走向共产主义明天

刊于 1984 年 1 月 17 日第 1 期
作者为校机关干部

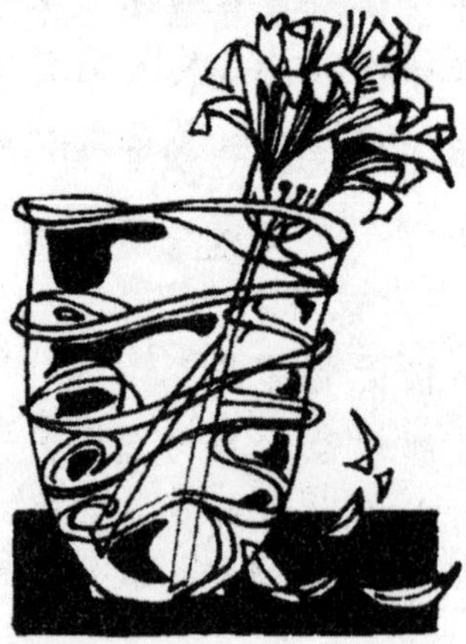

咏师大（三首）

王连生

（一）

枝头好鸟报春来，师大鲜花次第开。
银发园丁育豪俊，红颜桃李展英才。
兰亭挥墨谱新曲，绛帐弦歌抒壮怀。
正喜稷门花更好，还须靠党苦心栽。

（二）

桃红柳绿又阳春，创业辽师费精神。
催笋成材为梁栋，润花著果吐芳馨。
育才更要德智体，教人仍凭美善真。
笔种舌耕甘身苦，为求四化献丹心。

（三）

马栏河畔笑语欢，建校育人卅三年。①
俊茂英才遍辽界，开花桃李过阳关。②
诗家但喜国家盛，文化欣随四化前。
前路鹏程铺锦绣，振兴创业着先鞭。

刊于1984年3月6日第2期
作者为中文系教师

① 我校51年创建，至1984年已有33年了。
② 我校64届毕业生中曾有一批分配到新疆工作。

前程似锦

蔡仁礼

当春天又一次悄悄降临，
师院改师大的喜讯，
像绵绵的春雨，
滋润着人们久旱的心。

从师专到师大，
三十多年漫长的历程。
一代人的光阴，
两代人的青春。
当年的创业者，
如今已雪染双鬓；
一届届的毕业生，
如今在全省已矗立如林。
在你三十多年的校史上，
曾刻下了一行行业绩，
也写上了曲折和教训。
你啊，
和新中国同成长、共命运。

道路需要奋进者去开拓，
挫折会使人变得聪明。
今天，列车已驶上正轨，

正开足马力奋勇飞奔。
四化这架庞大的机器上，
还亟待着大批的齿轮和螺丝钉。
辽师啊，
你就在这样的时刻改名。
师大啊，你就在这样的时刻诞生。

奋起吧，
八十年代的大学生；
自豪吧，
师大的同学们！
多美好的时代啊
——祖国正在振兴。
多美好的年龄啊
——二十来岁光景。
今天属于大家，
二十一世纪属于你们。
插上理想和勤奋的翅膀飞翔吧，
飞向光辉灿烂的似锦前程！

刊于 1984 年 3 月 30 日第 4 期
作者为校机关干部

献给你，祖国

于　杰

还用我十年前的油画
五星红旗、麦穗和齿轮
还用我稚弱的童音
唱起《我爱北京天安门》
……

谁还能看见
刺刀挑着蘸血的太阳旗
谁还能听见
寒凝大地的痛苦呻吟……

在开国大典的礼炮声中
你以东方巨人的雄姿
驾驶着民族的巨轮
驶进人类文明的航道
啊，中华
年轻的共和国
为你的俊美，繁荣，昌盛
把心里的爱注入你的身躯

把兴安岭的松涛
南国的枫叶
融入永恒的记忆

刊于 1984 年 10 月 4 日第 11 期
作者为政治系 82 级学生

啊，摇篮

——献给辽宁师大

谭忠印

三十三年啊！并不长，
她伴着祖国在成长。
牢记辽西走廊乡亲的嘱托，
带着辽东密林工人的希望。
祖国，刚刚诞生，
她——培养人类灵魂工程师的摇篮——
也沐浴着一片阳光。

三十三年啊！并不长，
她洒下的种子遍布四方。
扎根在辽北的沃野，
开花在山村的课堂。
祖国，百废待兴，
她——培养人类灵魂工程师的摇篮——
正贡献着一份力量。

三十三年啊！并不长，
历史的责任担肩上。
用知识去开垦辽西的荒漠，
用马列把青年的思想武装，
用一流的科学成果填补空白，

用更多的精神财富把厚礼献上。

啊！摇篮，
唱起你那美妙的歌曲，
迈起你那坚定的步伐，
播下你的优良种子，
洒向祖国最需要的地方。

刊于1984年10月4日第11期
作者为化学系教师

荟萃苑

——校报发行百期纪念

晗 炜

这是一方神奇的土地
肥沃
深厚
培育了色彩斑斓的一年四季
早春，这里最先开放迎春
盛夏，这里遍地绿荫，青翠欲滴
秋天，这里红叶点点，硕果累累
冬日，这里蓬勃着新的生机
哦！让人流连、陶醉的土地！

这是一方神奇的土地
像一面明亮的镜子
映照丰富的色彩，不尽的新奇
她传达着师大振兴的动人喜讯
她报告着中华大地的改革信息
她展现着师生员工闪光的心灵
她鼓动着学海中的弄潮儿奋力进击
哦！教人振奋、拼搏的土地！

伴着浇灌者的汗水
这方神奇的土地
会日加丰厚
能越发浓绿

刊于1987年10月12日第8期

作者为校机关干部

登高寄远

阎恒凯

登高遥望玉山峰，
但恨不见九州同。
康庄大道有两制，
幸福之路是三通。
慈母长年盼还棹，
游子今始着归篷？
海峡相隔仅咫尺，
焉能隔断相思梦！

刊于1987年12月8日第10期
作者为离休教师

五星红旗下的奏鸣曲(组诗)

于 冰

寄情曲

五星红旗飘洗着千年浊气
在东方舞台上公演三十九出话剧
我在红旗上丰满唱歌的羽翼
吸吮着红星滴出的乳汁

红旗给我智慧,昭我真理:
苍老的历史坍塌为圆明园的残垣、乱石
乱石不能充任摩天大厦的地基
用推土机铲除九曲河道的淤泥
用激光切断沉重的船夫曲
《神圣忧思录》撕裂着我的灵与肉
改革的宝塔上高耸的应是“教育母机”!

五星红旗终于选择了大海
脱下封闭的金甲铁衣
面向世界拱起硕大的身躯——
使发黄的血流出婴儿的笑容
板结的想象力喷出玫瑰色的清渠
皱折的大地重塑崭新的太阳
打着补丁的心灵把和弦寻觅

驶出死海的航船奔向五彩的港湾
啊，我要做这船上的无名水手
搏击狂涛，把血和力溶作汗水！

即兴调

睡梦中，我蹚碎了
花香灌饱了的月光
踏平绣满星星的海浪
越过阅读古老神话而入迷的山冈
任那一颗燃烧的心倾听你婉转歌唱

或许是浪漫的春风染香我的梦
或许是我的梦熏醉春风身上的铃铛——
一支小夜曲跃动着缤纷的旋律
携着广袤草原喧闹的温馨
携着摇摆婀娜舞步的山涧小溪
携着蓝天吟咏抒情诗的白鸽
携着大森林中青苔发酵的沉思
在我心的地平线轻盈地荡漾……

呵，五星红旗——
你用舒伯特馨郁、芳菲的构思
把那眷恋温柔的朦胧的灵魂
涂上滚烫的幻想的幽香
你用贝多芬滴着顽强泪的“命运交响”
系牢弄潮儿丰腴、奔腾的想象
你使热烈者有一个优美的冷静

你使冷却者有一个嘹亮的飞扬
你使崇高者有一个善良的叹息
你使平庸者有一个伟大的自强
啊,鲜艳、迷人的五星红旗
永远是我生命五线谱上的太阳!

新绿歌

这里原是一片光秃秃的处女地
棕色的泥土能攥出失望的泪滴
我企盼这儿有“绒嘟嘟”的草坪
交响着滴翠的绿色歌曲
我幻想这儿有一队队菩提树
吹奏着温馨而多音色的芦笛……
风雨洗瘦了我的视线
心府呻吟着打饱嗝的空虚……

终于,霜雪发出最后一次嘶哑的叹息
天空拥挤出浴后的活泼的晴朗
雀跃着来了,一群风华正茂的少男少女
用胆汁搅稠汗水润沃这片处女地
播下一颗蘸蜜的艳颖的种子
引爆惊蛰的春雷,拽粗我的万端思绪

而今,萌发了——
冬天埋下的深情的种子
已经长出一片新绿
那嫩嫩的芽叶上流淌着梦的旋律

每天每天在我窗前荡漾
滋润我的希望日益丰腴
让我收获一个翡翠的哲理
那燃烧的生命向远方弥漫
于是，我飞向太阳
去寻觅串串人间的金橘……

刊于1988年9月30日第5期
作者为中文系教师

咏怀一二·九运动

田久川

中华民族苦难多，不堪回首是清末。
欧美列强如豺虎，日本军阀更凶恶：
东北沦亡三载余，华北又将陷于敌。
协定张张卖身契，"自治"声声鬼怪啼；
道旁满布东洋兵，车站遍插膏药旗；
海上往来铁甲舰，空中盘旋侦察机；
流氓匪棍助纣虐，浪人汉奸肆无忌；
华北之大数千里，难放平静书桌一！
眼见虏势步步逼，亡国灭种危旦夕。
蒋家政权何所事？"攘外安内"口不离。
红军北上为抗日，我党宣言露晨曦！

三五年冬一二·九，北平城头霹雳吼：
停止内战转枪口，一致对外抗倭寇！
爱国无罪要自由，抗日合法岂可咎！
反动当局施惯技，公然大打下毒手，
木棍钢刀水龙头，滴水成冰粘血肉。
莫道书生多文弱，空拳敢与军警斗！
民不畏死其奈何，激战不息到日暮。
一二·一六再示威，全国响应击群丑。
灭敌凶焰长我志，推动抗战风雷走。
浩然正气满神州，学子美名垂宇宙。

英雄重铸民族魂，光照史册功不朽！
五十五载弹指间，星移斗转换新天。
东方巨人站起来，世界大潮着先鞭。
独立自主兴中华，改革开放猛向前。
长江后浪推前浪，青出于蓝胜于蓝。
发扬先辈好传统，碧血丹心谱新篇！

刊于1990年12月6日第12期
作者为历史系教师

一个汉子

李 凯

一九六四年四月十六日
一个汉子
一个有情有义有血有肉的汉子
一个值得依赖信任的汉子
一个庄稼汉子
重重地倒在兰考
倒在三十六万儿女的大悲大恸之中
招魂幡再也招不回炽热的生命
妻儿的呼唤再也唤不来往日的深情
乡亲们的双眸再也望不到矫健的身影
兰考
再也不能和这个汉子坐在炕头唠唠
　　谈憧憬也谈沧桑　黄河古道
再也不能和他一起嚼香脆的大枣
　　面对面地放声大笑
这个挟一路风尘而来的汉子
这个带一身重任和凄情而飞的鹰
这个有鸵鸟双腿走遍兰考的汉子
这个在兰考大地上苦苦耕作的牛
他从来不是无牵无挂的人
他舍不得离开他的土地那片热土
那片土地上的善良的人

他知道　他也有一种情怀
他有家　有根
有亘古不灭的乡魂
在另一片土地上
沙海里奔波于一个执著的追求
他要在这里建一座家园
给兰考的山山水水
他忙着播种忙着浇灌
在自己的双肩压满拓荒人的艰辛
可有一天他终于倒下了
他知道五谷是生之本也是病之源
他是累倒的，不是病倒的
他累倒在自己的岗位上
累倒在那把被肝胆顶破的藤椅上
累倒在兰考人的心上
他倒下了
倒在自己亲过爱过的土地上
他倒下了
竖起的却是一座丰碑
身既死兮神以灵
子魂魄兮为鬼雄

刊于1991年5月8日第2期
作者为教育系88级学生

庆祝中国共产党成立七十周年

王鸿钧

民主科学迎五四
莺歌燕舞庆七一
滩头岗上延安塔
北战南征胜利旗
斗转星移人未老
改天换地世间奇
神州四化开新宇
华夏三通乐统一

刊于1991年7月10日第4期
作者为数学系教师

马栏之恋

——向母校献辞

校　友

冬也春暖秋也春暖
春天春意盎然
冬也秋收春也秋收
秋天黄金一片
这是一块神奇的土地
这是我们母亲血沃的田园
她播种道德
收获了多少册知识宇宙导游的指导
她播种热情
收获了多少盏燃尽自己照亮别人的烛光
她顽强地播种着质朴、善良、淡泊
她更加顽强地播种信念
在另一种价值观念的冷风中
抢收着宝贵的理想和奉献

这块土地就这样默默地耕耘
十年二十年三十年四十年
十年梦绕
二十年魂牵
三十年翘首
四十年苦恋

我们将母亲的田园深深地怀念
今天,我们回来了
终于回来了
这里沸腾了历史的回归,时光的倒转
虽然,粉笔染白的头鬓已不再潇洒
但是,辛劳刻成的皱纹却无比庄严
虽然,跑上几步已初见蹒跚
但是,紧握的双手却打铁一样的雄健
虽然,笑声已渗进了几丝成熟的矜持
但是,眼泪却流出了学时幼稚的缠绵

当年,我们带着宏图壮志离开这里
有两个字便永远与我们的拼搏相伴
"辽师"
她是我们遇到困难时常常翻阅的圣典
当年,我们带着惜别的惆怅离开了这里
有两个字常常在怀念的思绪中沉淀
"辽师"
我们渴望友谊时她会准时拨动温暖的涌泉
当年,我们带着报恩的诺言离开了这里
有两个字代表了祖国对我们的热切企望
"辽师"
时刻检验着我们崇高的哲理:忘记就意味着背叛
当年,我们带着闪光的青春离开了这里
有两个字常常叫停我们恨别时光时酸楚的感叹
"辽师"
她每每送来我们青春年华的美丽的梦幻
今天,在"辽师"这块宽厚的土地上
我们终于得以牧放绑在心中四十年的马栏之恋

白云一秒一个青春在天上飘过
草木一年一个青春在地上循环
我们——辽师的赤子一生一个青春在“辽师”烧炼
我们的青春
在课堂上是虔诚
袒露出一片片求知的心田
贪婪地吮吸着丰富的滋养
我们的青春在这里饱满
我们的青春
在校园里是歌声
唱一曲“一条小路曲曲弯弯……”
我们有一条歌声和笑声铺成的路
我们的青春在这里浓酽
我们的青春
在宿舍是童心
朴素的嬉戏消遣了白日攻读的疲倦
温馨的友谊是我们梦里的第一主题
我们的青春在这里香甜
我们的青春
在操场上是爆发力
骨骼在这里拔节，肌肉在这里丰满
戴上德育、智育、体育三朵红花
我们的青春在这里灿烂

是的，我们的青春
在这里饱满
在这里浓酽
在这里香甜
在这里灿烂

我们的青春何以这样饱满
我们的老师将一腔心血倾献
我们的青春何以这样浓酽
我们的老师为我们披沥一身肝胆
我们的老师揽尽一生清苦
我们的青春所以才这样香甜
我们的老师一世崇尚淡泊
我们的青春所以才这样灿烂
这高尚的品格
这伟大的师范
同学们,我提议向我们的母校敬礼
敬爱的老师啊
我们渐老的筋骨可能使这一躬鞠得不深
但是,崇敬早在我们心中热成烈火一团
老师啊,此刻
皱纹使你们的笑容更加善良
白发使你们的质朴更加峻巉
善良的笑容洒出了一片朋友的平凡
峻巉的质朴却挺起了一个导师的尊严
导师和朋友集于一身是最壮美的形象
庄严和平凡的交融才是人类品格的峰巅
不,我的老师,您不清苦
您的财产任何先进的算计也无法计算
您拥有几千亲授的学生
您的学生又有学生的学生的学生
这使世界上任何巨富都为之黯然
这支浩浩荡荡的学生大军
用“辽师”的骨血塑造了昨天
塑造着今天

并将塑造着明天
昨天，已在史册上将“辽师”隆重地记载
今天，“辽师杯”的接力赛跑旗鼓正酣
明天的“辽师”将更加辉煌
因为，明天是一个永久的无限

刊于1991年9月3日第5期
作者为辽宁师范大学部分校友

五月的蝴蝶

张宝来

从黑暗的壳里
一点点挣脱
翩翩而成自由的蝴蝶

蝶之上
天,犹如一块海绵
饱蘸五月的情感
依旧是汉时的湛蓝
清后的空远

蝶之下
根,攥紧一大把血泪浸过的土
似乎要攥出　民族的痛苦
攥出　一把　愤怒

那蝶　是七十三年前青年人
夜夜踏河而来的梦
被寒蝉一声声道破
被月光一句句读懂
历过沧桑后　蝶成了
点缀五月
点缀天空的一处风景

我在崖上注视着这一切
纵然一跳也成不了蝶
可我有无数个飞翔的欲望
亦如前人一样

年年有蝶
年年五月　蝶
在一段时间的栅栏上伫立
栖落成一页红色日历

刊于 1992 年 5 月 13 日第 3 期
作者为中文系 90 级学生

一支唱给九月的歌

——献给第四届校园文化艺术节

牧　云

金色长风，催生着那片金色麦秸
九月的原野　铺展出
满眼将要熟透的秋光
季节　给了我丰饶的馈赠
生命　赐予我爱和力量
从此踏上一片名叫青春的圣土
去创造　去采撷
去寻找山那边美与爱的海洋

摇铃采风的汉吏
踏着矢车菊和百里香走远了
气势恢弘的编钟
却永远记下了宫商角徵羽的辉煌
诗河浩瀚，文苑斑斓
汩汩滔滔一脉而下的中华艺术
洋洋洒洒汇聚千年的世界文明
一切　都是儿时在梦里
也未敢企及的殿堂

那些崇拜自然的先民们
以最古朴的方式宣告

所有的文字不是诗行的开始
那些挥洒自如的大师们
用最神奇的灵感预言
所有的休止符不是乐曲的结束
于是　在广袤的时空
涌荡起这样一片海
用色彩、用声音、用土地、用流云
用智慧和爱情
以及万物的灵性所汇聚的
文明之海
潮汐涨落　万种风情

这是一片迷人的海
每一滴水都蕴蓄着一份诱惑
它滋养着人类干涸的心田
把伟大的创造和创造者欣悦的灵魂
融入无穷无尽的蔚蓝
清亮的小溪向往着它
滔滔的江河眷恋着它
潮起潮落　是生命律动的节拍
生生不息的奔涌一如青春的脉搏
这是一片九月的海
苦难凝成它的力度
忧伤是它浑厚的歌
憧憬　使它像母亲一样温柔地微笑
求索　让它把所有纯美的童心
变为港口

就在这海的边缘　今夜
我们燃起篝火　把那些丰饶的
记忆串成念珠一一数落
呢喃的潮水推动沙砾也推动珠贝
低低诉说着
最纯最美和最初的那一颗

桐叶飘歌的九月
当柔曼的音乐自海的深处腾起
我们和着青春的韵律
唱一支九月的歌

刊于1993年11月22日第8期
作者为中文系89级学生

毛泽东同志诞辰一百周年感赋

颜邦逸

万古云霄一羽毛，百年豪俊仰弥高。
艰难缔造新中国，璀璨铿锵丽日娇。
如诗如梦射灵台，俯瞰尘寰百事哀。
与地与天与人斗，一生光热化春雷。
哲师栽木惠齐眉①，东渐西学智慧开。
霞婉杨娇九嶷峻②，人间天上几徘徊。
百万陈兵藐若无，周旋二霸五洲舒。
男儿立世心如铁，肠断萧娘一纸书③。
山呼虽已入神坛，晚唱大风悲壮间。
妻烈子殇时荡魄，一床经史斗阑干④。
鹏举灵均俱仰天⑤，披肝沥胆血徒鲜。
三光狂虏横豪甚，终拜先生持久篇。
风云雷电卷中原，刘邓大军奏凯还。
留得浩然英爽气，人间谁此好河山。
颠坑堕谷复谁怜，诸帝磔割苦不堪。

---

① 哲师：指毛泽东的老师、岳父杨昌济先生。他当年曾发宏愿："欲栽大木柱长天。"齐眉：指孟光举案齐眉事。

② 霞、杨：皆指杨开慧。九嶷：九嶷山，在湖南，是舜帝葬地，毛泽东有"九嶷山上白云飞"之句。

③ 萧娘：指贺子珍。

④ 一床经史：毛泽东卧榻一半摆书。

⑤ 鹏举：岳飞。灵均：屈原。

中国人民终站起，仰瞻飞箭在云端。
万年枝上蕴奇葩，自力奋发壮我华。
百代雄飞鹏宇阔，首开风气老人家。
百载人间说润之[①]，经天日月缺盈知。
求实求是尊实践，华夏脊梁华夏诗。

刊于1993年12月20日第9期
作者为中文系教师

① 润之：毛泽东字润之。

国魂·国旗·未来

崔 铁

晨风中
　展动着火红的羽翼
朝阳里
　闪烁着金黄的眼睛
清新间
　升腾着无尽的庄严
啊！国旗
您又一次在校园中升起

您可曾感到
波动着憧憬的目光
　在您身边伫步
您可曾听到
燃烧着炽热的心语
　在您周围徘徊
您可曾读出
饱浸着依恋的思魂
　在您躯前萦绕

国旗！您在晓晖中
　　扬起您亲手编织的帆
是在追忆打开古国大门的

第一声炮响
还是在回眺卢沟桥石狮的血泪
抑或是还在轻抚早已医愈的疤痕

噢 国旗
是您放下历史的沧桑与坎坷
使中国挺起胸膛跻身于
世界强国之林
是您抛下多载的耻辱与辛酸
让祖国大地呈现巨变的新貌
是您拓开坚实的自信与执著
带着您的儿女
乘着社会主义帆舟
驶向旭日温暖的彼岸

国旗,您升起来了,
升起了希望
升起了国魂
升起了未来!

刊于1995年3月24日第1期

作者为生物系94级学生

抗日战争胜利50周年感赋

颜邦逸

（一）

平型关下残阳血，浸透台儿庄外沙。
不败天骄横一世，终从厚重识中华。

（二）

唐喜明忧近泪痕，悠悠瀛海带衣邻。
一朝玉帛焕霞绮，八载干戈逐水云。
异制异宗真异国，同风同种复同文。
大千浩浩伊胡底，共望东方日彩新。

刊于1995年7月7日第5期

作者为中文系教师

草　鞋

——纪念中国工农红军长征胜利60周年

刘筱筱

无名草　玉米叶　碎布条
被一种精神凝聚
围绕着一双双布满伤痕的脚
在中国，一个史无前例的壮举
托载一个忍辱负重的群体
迎来了日出般辉煌的事业

革命的草鞋如舟舸
疲惫的绑脚如桅林
汇成灰色的铁流
漫过雪山长河
二万五千里航程
六百多个日日夜夜
穿草鞋的脚板，踏碎艰难坎坷
一行行坚定的脚印里
无数红星的种子
萌芽于芳菲原野
燎原如火的信念
再也无法扑灭

漫漫长路遍地可见
不能再穿的草鞋
如倒下的烈士，它们
尝过沼泽草
饮过黄河水
吞过高山雪
之后就铸成一座丰碑
永不瞑目

我没赶上那个时代
那一双双草鞋
只在电影和纪念馆里见过
翻开历史书的某一课时
我就渴望自己的脚趾
也能体验一次
草鞋的温暖和亲切
于是心灵深处就强烈感到
草鞋精神如一股激流
已深入我的骨髓

刊于1996年11月20日第11期

作者为历史系93级学生

沁园春·吊小平

铁　力

不屈不挠，
三挫三奋，
砥柱擎天。
昔年少壮怀，
旅欧赴法，
追寻马列，
矢志弥坚。
两江举义，
万里驰驱，
金戈铁马逐中原。
盖世功，
创特色理论，
国富民安。

未见元宵月圆，
恨天不假寿逝奇男。
数丰功伟绩，
堪慰英雄，
平生憾事，
金瓯待全。
巨星陨落，
举国同悲，

苍天泪雨亦黯然。
承遗志，
撷四化硕果，
再奠先贤。

刊于1997年3月26日第2期
作者为校机关干部

灵魂的歌者

——悼小平同志

朱峻峰

（一）

你曾是前行的歌者
追寻着黑暗中的黎明
你曾是智慧的歌者
有着维纳斯的灵魂
巴黎的风情
不曾绊留你坚定的步伐
烈士的鲜血
激起了你胸藏寰宇的歌声
大地随之沸腾
苍天随之震动
百色的硝烟
大别山的炮声
造就了你万劫不屈的灵魂

（二）

我不知道
聚日月之光华的伟人是不是你
我不知道
汲天地之灵慧的伟人是不是你

我只知道
你的血，化为江河
化为群山，化为森林
你的魂，化为白鸽，化为雄鹰
化为扑火的凤凰
你带走了凤舞九天的锐气
却创造了一个世纪的辉煌
慈祥的面庞充盈着睿智的目光
宽阔的胸怀容纳了整个世界
我不知道
历史的长河会留下多深的痕迹
我不知道
岁月的流逝会带走多少记忆
我只知道
共和国的旗帜上有你的光彩
还有一颗永远年轻跳跃的心

（三）

你就这样悄无声息地走了
不带走一粒尘埃
却把自己溶进茫茫大海
天若有情，彩云为之挥泪
地若有情，群山为之动容
苍天寰宇会记住你光辉的名字
十里长街会记住你最后的行程
你就这样悄无声息地走了
带着未完成的梦

却激励着后代继往开来
亿万人民，共泣前行的歌者
炎黄子孙，同悼伟人的英灵
滔滔浪花会带走无尽的哀痛
人民的呼唤凝成永恒的深情……

刊于1997年3月26日第2期
作者为教育系95级学生

红蜻蜓

——希望工程之歌

田丽维

捧着双颊
摇曳土壤的叹息
在没有阳光的角落里
寂寞地
暗暗啜泣

——春天
和冬天一个颜色

梦
像飘飞的云朵
踯躅在贫瘠的山头
等待风儿化雨

——冬天苏醒了
山头在雨丝中雀跃

有一只手
又有一只手
有无数只手
捧着阳光走向你

心
飞成小小的红色蜻蜓
在美丽的霞光中
灿灿地飞扬希望
翅膀扇动风声

刊于1997年5月30日第4期
作者为中文系94级学生

香港回归畅咏

颜邦逸

（一）

聆数回归倒计时，心旌摇曳宇空驰。
三军整肃鱼龙寂，六市繁华罗绮知。
泪纵成珠月晻蔼，血终一脉汉威仪。
紫荆花秀国门壮，试看东方起醒狮。

（二）

故地将归上版图，贤哲忠烈愿终孚。
瓜分豆剖成遗迹，垢荡瑕涤仍宝珠。
百越欢呼晴日丽，九州飞舞火旗朱。
纪元新史书珍重，汉语从兹绝港督。

刊于1997年6月30日第7期

作者为中文系教师

金缕曲

——贺《辽宁师大报》创刊20周年

石静波

书剑二十秋，更几回，红英绽蕊、玉兰吐秀。刘公儒雅高行健，无边风月尽收。翰墨香，文章锦绣。江天万里红如醉，多应在，黄昏疏雨后。甘与苦，年华度。

寒斋清茶消客忧，忆往昔，三载师恩、一世难酬。欲写《梅花》弦已咽，满怀别愁谁诉？且随它，云卷云舒。杏坛即今多嘉客，愿碧海掣鲸皆圣手。言不尽，情幽悠。

刊于1999年3月26日第2期

作者为政法系95级学生

五四，我为你高唱

崔秀英

我站在珠穆朗玛为你高唱，
让五四的精神随风飘扬；
我站在长江之端为你高唱，
让五四的精神源远流长。

是你敲开沉寂，摇动了封建统治的城堡；
是你冲破黑暗，摆正了中国人民的航标；
是你炸响春雷，掀起了工人运动的高潮；
是你点燃星火，闪耀了无产阶级的光芒。

纵使时世变迁，你依然容颜不变，
纵使岁月流逝，你依旧散发光彩；
你伟岸的身躯，如钢铁一般坚毅，
你高尚的情操，值得我们代代传扬。

阳光灿烂，我为你高唱，
用汗水耕耘，用双手开创；
阴雨绵绵，我为你高唱，
用信念支撑，用知识充膛。

五四，我为你高唱，
用拼搏的汗水，踏实的脚步；
用肺腑忠诚，热血满腔，
直到红日喷薄四海，普照八方。

刊于1999年5月10日第4期
作者为历史系97级学生

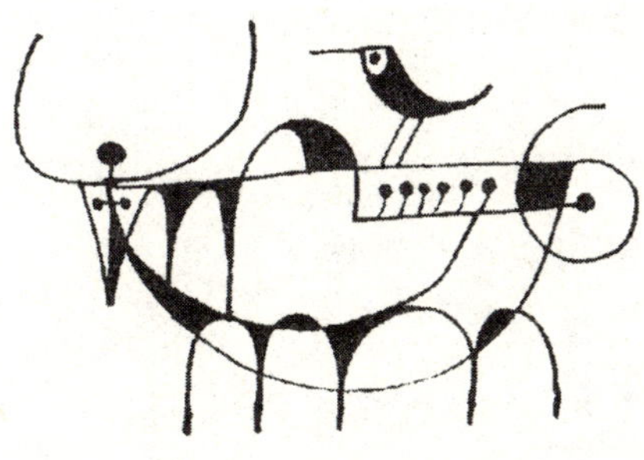

北约的导弹落在了我们头上

孟繁森

北约的导弹落在了我们的头上，
同胞们，今天你作何感想？
面对烈士鲜红的血迹，
我们怎能不悲愤满腔！
他们口口声声人道、人权，
却对一个使馆发射了五枚导弹，
这就是他们的本来面目，
毒如蛇蝎，狠如豺狼！

北约的导弹落在了我们的头上，
同胞们，今天你作何感想？
我们度过了五十年的和平生活，
战争的概念已在脑海淡忘。
我们以为外敌入侵已成陈迹，
对他们的口蜜腹剑有些色盲。
殊不知“人权高于主权”的背后，
就是导弹，飞机和爆炸的火光。

北约的导弹落在了我们的头上，
同胞们，今天你作何感想？
不要迷信国际上的法律、公约，
他们粗暴践踏，习以为常。

不要轻信他们的百般承诺，
他们随时会把它变成废纸一张。
他们富有侵略者的文化积淀，
无上的荣耀就是吞噬羔羊。
他们具有十分的实力，
就有一百倍的疯狂。

北约的导弹落在了我们的头上，
同胞们，今天你作何感想？
我们是否应对着国旗发誓：
每个人都要发热发光。
十二亿中国人民团结一心，
卧薪尝胆，发愤图强。
迅速增强我们的综合国力，
赶紧修筑我们的铁壁铜墙。
决不能让被侵略的历史再度上演！
决不能让侵略者的气焰再度嚣张！

刊于1999年5月28日第5期
作者为中文系教师

大连百年礼赞

李世刚

美哉！大海、群山
　　碧波白帆
　　阳光万里
　　苍翠一片
一幢幢现代化的建筑
崛起“棚户区”的旧址
立交桥、草坪、花坛
把大街小巷装扮得
彩色斑斓
今天——
红旗指引着我们
觉醒、腾飞、奋战
改革、开放、发展
以威武不屈的正气
万古不灭的精神
历经“百年风雨洗礼”
尽雪奇耻大辱
屹立凛然

昨天，谁能忘记
这样的岁月：
清王朝

腐朽昏庸
国势孱弱衰微
沙俄逞凶、日寇侵犯
占我国土
杀我同胞
罪恶累累
血渍斑斑
万忠墓、白玉山塔
鸡冠山炮台
日日夜夜
凝望旅顺口的巨浪狂涛
倾听着
灾难大地的
震天怒吼——
痛史椎心
永矢不忘
落后
就要挨打受侮

明天，无畏的英雄民族
从血泪里挺立起来的
炎黄子孙
更以宽厚、博大的胸襟
滋润、拥抱大地
不仅迎来春色长驻
更铸成
花开新世纪的
宏伟壮丽诗篇——
“北方明珠生辉”

光华更加动人、耀眼
又一个千年的朝阳
从这里升起
万道彩虹
托起又一个千年理想
世界东方明珠璀璨
——我们的大连

刊于1999年9月22日第10期
作者为中文系离休教师

根深叶茂

——献给共和国50岁生日

陈琳琳

古老的神话：
华夏的祖先，
打磨第一块燧石，
打磨第一枚骨针，
打磨第一支箭矢。
何等的智慧，何等的骁勇。
你说，我们的根，有多深？

古老的中国，
有着世界上的第八奇迹，
水和土，拌成泥，煅烧成砖，
沧桑的岁月，
撞击着那累累的青岩，
掷出的，是有声的誓言。
你说，我们的根，有多深？

秦皇汉武，唐宗宋祖
五千年的文明孕育出
一个古老而又年轻的中国！
让历史从远古中醒来，
黄皮肤、黑眼睛的中国人，

用特有的情怀向你讲述
一段并不久远的故事——
短暂而辉煌的五十年，
它曾惊涛拍岸，卷起千层浪，
更曾山舞银蛇，欲与天公试比高！
雪花飘飞、松涛林海的白山黑水，
草长莺飞、春山含笑的江南美景，
大西北那粗犷雄壮的嘶吼，
青藏高原淳朴的民风与悠远的牧歌
年轻的共和国，
分分秒秒，都在孕育着希望和收获。
那点点滴滴的挫折与失败，
不正是它的动力、勇气和信心吗？

根深叶茂……
给黄河以引力，让它奔流；
给长城以抚爱，让它宁静。

刊于1999年9月22日第10期
作者为政法系98级学生

中国，烈火中永生的不死鸟

蒋璀玢

从昨夜到今晨
这一走　就是五十年风雨兼程

井冈山上点点星火
从农村到城市
燃烧成天安门前如潮的红旗
虎门滩头滚滚的浓烟
黄海深处下沉的战舰
清帝案头如山的条约
都在凤凰涅槃的那一瞬
灰飞烟灭
那红光　如祭坛上跳跃的红烛
告慰着
圆明园内静寂的断壁残垣
南京城中无语的百万冤魂

醉卧沙场的英烈
已化为座座孤坟
而夸父倒下的地方
却长起一片桃林
风　从梨花盛开的中南海吹来
在还覆盖着寒烟衰草的废墟上

卷起滚滚春潮

声声晚钟　萧萧落木
就让它在历史的黑洞中消逝吧
凄风苦雨　长叹呻吟
就让它在时光的尘埃中沉默吧
烈烈红日在碧海的尽头喷薄
霞光万丈
汨罗悲涛　易水寒波
翻滚　同黄河滔天的浊浪一起
铁马冰河　小米步枪
飞扬　同红光中的五星星座一起
三千春秋　百代梦想
吹响　同二十一世纪的晨号一起

中国
烈火中永生的不死鸟
在太阳升起的地方升起
在巨龙腾飞的地方腾飞

刊于1999年11月10日第12期
作者为化学系97级学生

献给新世纪的歌

彦　姝

思想的驰骋，想象的飞越
靠近新世纪
二十年改革，五十年建国，五千年文明
弥足珍贵
铸造历史
多少主义兴，多少主义亡
翻云覆雨
历练人生
上边经历，下边思想，左边哲理，右边情感
多少有限变无限，多少失望化希望

司母戊鼎，四羊方尊
旗袍，唢呐
古老的中国，古老的文明
世纪之交，酿一杯历史的美酒，醉饮
联想科技，长虹电器
李宁鞋，交响乐
信息的今日，竞争的今日
世纪之交，沏一杯今朝的茶，醉品
想象若羽，智慧如烟，世纪似歌

把岁月雕刻成
赞颂世纪的箴言
明朝更醉

刊于 1999 年 11 月 16 日第 13 期
作者为政法系 98 级学生

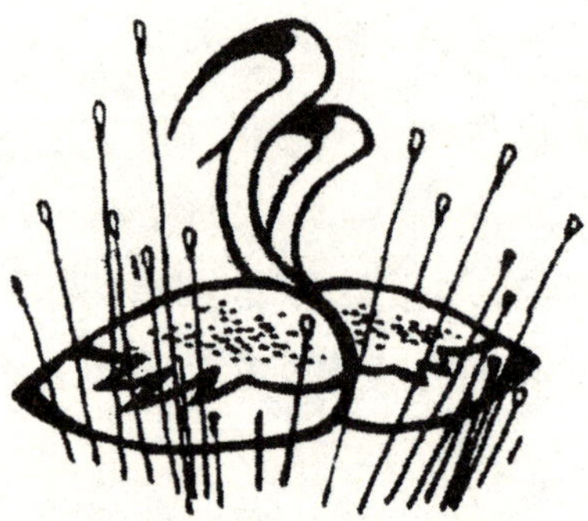

游子吟

高　蕾

远古的惆怅
是　一片静默的彩陶
埋在
路环岛深深的土中

曾经的痛楚
是　一柱忧伤的焚香
燃在
妈祖阁肃穆的堂前

是谁？是谁！
打碎我甜美的醇梦
将年幼的孩子夺去
母亲啊
就这样与你
一别　四百年

南海的水是我的依恋
莲花的瓣是我的缠绵
母亲啊　你可听到
一声声
那是儿的呼唤

多少悲欢
多少劫难
我不死的灵魂
刻满　同样
不死的期盼

世事沧桑
普济院的石桌知道
大三巴的残垣知道
岁月更易
不变的
是我的真情　我的思念
漂泊的心　游子的吟
细数着归期的临近
母亲啊　母亲
我要回来!!

刊于 1999 年 12 月 20 日第 14 期
作者为政法系 99 级学生

辽师在我心中

朱正义

离开辽师的时候，
欢笑伴着我们正年轻。
五光十色的世界，
为我们铺设了锦绣前程。

如今，我们已年过花甲，
辽师已伴我们走过了四十年历程。
回眸时，辽师在我心中，
是一片如日中天的神圣。

辽师，给了我一生，
痛苦、欢笑都离不开你的身影。
我一生都是辽师的学生，
成长、伟岸都是你的钟情。

几十年的风风雨雨，
你总是我焦灼面前的明灯。
几十次的坎坎坷坷，
你总是我奋进身后的叮咛。

当我第一次登上讲台，
我的眼前闪现的是辽师的身影。

当我第一次出版著作，
我的心里感激的是辽师的恩情。

辽师，是我苦恼时的欢快，
辽师，是我奋进时的收成。
辽师，是我挫折时的号角，
辽师，是我孤独时的歌声……

辽师，永远是我们前面的旗帜，
辽师，永远是我们追求的黎明。
辽师，永远是我们坚强的呼喊，
辽师，永远是我们朋友的忠诚。

什么都可以忘记，
只有辽师是不能忘记的图腾。
什么都可以轻松，
只有辽师是不能轻松的激情。

永远伴着你的是我们，
永远期待你的是我们。
永远追随你的是我们，
永远光彩你的是我们。

刊于2001年5月19日第4期
作者为中文系64届毕业生

五十年校庆吟稿

李佩金

之　一

欣逢校庆慰平生，火树银花不夜空。
电掣风驰追永昼，流光溢彩赶沉星。
园丁盛会随心唱，蜡烛欢歌满眼明。
不老童心谈远景，所怀绿意护春红。

之　二

学员数万系心头，翘盼归来忆旧游。
但问春秋百姓是，何谈地位不王侯。
行为示范园丁曲，学做人师桃李讴。
一脉栽培重聚首，辽天汇起栋梁谋。

之　三

总是春蚕心血注，行为示范塑师魂。
讲坛笑傲愚公论，院校欢欣道义陈。
气壮情真风化教，德馨品正树人伦。
园丁点点金光闪，剑胆无私照后昆。

之　四

一脉栽培情谊重，四方团聚更何求。
愁怀远寄他乡月，笑口常开故里楼。
触目通衢接海府，惊眸广厦插云头。

风光半纪留青史，心甘剩我做楚囚。

之　五

翰墨之缘结马栏，年年心血育英贤。
振兴厚望开宏宇，崛起深希挤寸间。
漫步书山无捷径，荡舟学海有罗盘。
志骛八极承诺在，佳构频添唱凯旋。

之　六

马栏逸响说风骨，叠涌心潮赋楚骚。
月上峰巅林不矮，窗来舍下夜风高。
拥衾独默跏趺坐，入静频听梦海涛。
不待闻鸡先起舞，凌云壮志撼灵霄。

刊于2001年5月19日第4期

作者为化学系82届毕业生

心中的太阳

蒋晓冰

七月的骄阳普照大地
七月的季风沁人心脾
七月的颂歌激起飞扬的思绪
七月的历史留下永恒的记忆

在那风雨如磐的岁月
您播下的燎原火种
唤起了民族觉醒的怒潮
孕育着中华崛起的曙光

八十年的历史画卷
每一卷都诉说着悲壮的故事
记载着前赴后继的光辉历程
镰刀斩断邪恶
铁锤砸碎耻辱
饥寒交迫的人们不再沉默
义勇军进行曲响遍神州
在光明与黑暗的较量中
您伟岸的身躯震撼了山川
您无畏的气概驱散了迷雾
您果敢的智慧赢得了尊严
您不屈的精神拯救了中华

而今，您仍在不知疲倦地跋涉
续写着民族振兴的伟绩
因为充满您心胸的
不是昨日的泪水
而是明天的辉煌
在您鲜红的旗帜下
我们的生活充满阳光
祖国的原野四季花香

在跨世纪的征程中
您指挥新时代的交响乐章
让党旗在亿万人民心中飘扬
九曲黄河澎湃着民族强盛的巨涛
是您给了我们信念和希望
万里长城托起民族不屈的脊梁
是您给了我们理想和力量
岁月轮回　潮起潮落
伟大　光荣　正确的党
您是我们心中永远不落的太阳

刊于2001年7月1日第8期
作者为历史系2000级研究生

贺十六大胜利召开

一 鸣

八十一载强国路，万物苍生尽复苏。
历尽艰辛多磨难，忠心不改在玉壶。
无私无畏为民众，运筹帷幄划新谋。
群英聚会定大计，国泰民安展宏图。

几番风雨几度秋，改革开放遍九州。
继往开来兴伟业，炎黄儿女显风流。
“三个代表”全民颂，特色中国大步走。
举国喜庆十六大，登高放眼更上楼。

神州披彩盛会开，华夏欢歌新世来。
兴邦谋略承先哲，科教兴国赖英才。
辉煌业绩昭日月，灿烂前程暖心怀，
承前启后担重任，龙腾宇宙雄万载。

刊于 2002 年 11 月 11 日第 9 期

作者为《辽宁师范大学报》编辑

七一献歌

王佳音

苏幕遮·战斗篇

仲夏之期，嘉兴湖畔，日露初明。风烟跌宕时，春笋之势，红旗升遍。神州大地，激浊扬清，摧枯拉朽英雄醒。回望处，万里长征路，决策英明。

云低断雁霜风，壮士血，青山孤崖景。为民族兴荣，尽瘁鞠躬，戎马从容，山河有情。统一战线，难得太平，团结斗争计高明。帝寇溃，国贼终逃窜，破晓康宁。

虞美人·建设篇

阴霾散尽晴方好，全民生产忙。两弹爆出东方红，大庆三峡竞相歌国强。

一国两制构想妙，世界惊观望。香港澳门归怀抱，宝岛思亲反独情激昂。

诉衷情·报国篇

八十三载展雄颜，映碧日晴川。豪杰儿女云起，人间换青天。

唱改革，构一统，国民欢。青年有志，立身师苑，学海扬帆。

刊于2004年7月6日第6期

作者为文学院2003级学生

最真的祝福

——写在第20个教师节

牧　云

(一)

是谁，滋养了万物的繁华，
黑色的沉默里包容了所有的声息？
——是土地。
是谁，旷远如一声隽永的呼唤，
深情拥抱着鸽子的翅羽？
——是天空。
是谁，哼着无词的眠歌，
千古不变地倾洒爱的甘霖？
——是母亲。
是谁，唤醒一个个播种时节，
让小小的种子开出满枝的美丽、
结出满园的丰硕？
——是园丁。
又是谁，囊括了土地、天空、
母亲和园丁的内涵，
在灵魂的世界里，缔造出生命的奇迹？
——是您、是您啊，老师！
　　像土地一样丰富，
　　像天空一样博大，
　　像园丁一样辛勤，

像母亲一样哺养了人类的历史、孕育着世界的明天！

(二)

当稚嫩的脚步蹒跚出
童年的栅栏，
无知的心灵开始思索，
顽皮的时光变得充实。
梦幻的美丽悄然呈现，
理想的翅膀翩然欲飞。
付出了比母亲更多的辛劳，
倾注了比父亲更多的热爱，
一张张面孔不再幼稚，
一段段行程不再迷失。
您用电子显微镜里的诱惑，
吸引了一双双渴求知识的目光
您用各种公式、定理
交织的神奇，
灌溉了一片片心灵绿地
上下五千年，纵横八万里，
您引领着我们，
在人类文明的海洋中探索、遨游……

(三)

孔夫子弟子三千的伟绩，
在今天已变得这样普通。
岁月递嬗的节拍中，
您迎来一个个开发宝藏的探索者，
送走一批批现代化建设的生力军。
一座山可以担在双肩，

一条河可以横过胸膛，
您就以这样的气魄，
担当着科教兴国的重任，
肩负起提高全民族素质的使命，
目光高远，信心如磐，
与时携行，艰辛执著。

传道、授业、解惑，
您兢兢业业诠释古训；
春蚕、耕牛、蜡炬，
您无怨无悔甘为人梯。
厚德博学，慎思笃行；
为人师表，启智求真；
山高水长，恩重情浓；
阳光伟业，世代相承。
人民教师，
永远是灵魂殿堂里
　　一座伟岸的丰碑！

（四）

金风飒飒的九月
硕果满枝的九月
山欢水笑的九月
您在自己的节日里，
笑成一处最美的风景
在这美好的节日来临之际
我们以感激土地和天空的心情感谢您！
我们以感激母亲和园丁的心情感谢您！
正因为您像土地一样丰富，

像天空一样博大
正因为您像母亲一样慈爱，
像园丁一样辛劳啊，
我们以一颗虔敬的心，
献上最真的祝福——
生命无价，事业永恒。
青春常在，幸福今生！

刊于 2004 年 9 月 10 日第 7 期
作者为《辽宁师范大学报》编辑

中华颂歌

赵慧英

第一章　深深的铭刻

六十年了，抗日战争暨反法西斯战争胜利
六十年了！
又一个甲子轮回，日月经天，江河行地
又一段凯歌之路，历尽沧桑，傲然崛起
今天，我们穿越时空的隧道回望历史
那些奔来眼底的日子从不曾褪色啊
欢庆胜利的时刻　心头涌荡着
血色殷红热气喷蒸的记忆

曾几何时
白山黑水踏上了日寇的铁蹄
美丽的松花江在炮火中战栗
九一八惊天的一爆
令三千万同胞罹难
熊熊战火燃烧在这片饱经忧患的土地

那时的祖国是何等羸弱何等贫瘠啊
眼睁睁看着东北沦亡　却无法
　　把它从水火中救起
历史重蹈了落后就要挨打的覆辙
在亡国灭族的边缘

横飞的血泪汇成怒涛排壑雷鸣电击

古往今来
忧国者总是悲愤在胸热泪盈眶
报国者总是浩气冲天热力喷张
每一次民族危亡的时刻
他们的碧血丹心就会爆出惊雷风云激荡

国难当头时　是谁　把大刀
　　砍在鬼子们的头上
是吃草根树皮的杨靖宇
是恨不抗日死的吉鸿昌
是拼掉最后一颗子弹的狼牙山五壮士
是贞烈顽强的八女投江

青纱帐里　白洋淀上
到处是觉醒的民众　智慧无双
伏击平型关　会战台儿庄
到处是愤激的将士　拼死以抗
艰苦卓绝的长征路啊
已经成为一首雄壮的史诗
北上抗日　千古传唱

六十年了，今天
我们在这里欢庆胜利
用六十年的牵风挽雨
用六十年的日新月异
向一个崛起了的民族
　　可爱的中华献礼

追往事而谂来兹
妥忠魂以励士气
让我们深深地铭刻英雄们的丰功伟绩
同时　也让我们把民族的苦难
牢记心底
苦难使我们警醒
苦难使我们坚强
以史为鉴　勿忘国耻
苦难　正是一个民族奋发图强的动力

第二章　无悔的热爱

六十年了，抗日战争暨反法西斯战争胜利
六十年了！
越知道当年的民穷国敝
越理解胜利的来之不易
东北沦陷　华北告急
家园残破　骨肉乱离
日星隐耀　山岳潜形
北风呜咽　江流悲涕
近代史上的百年屈辱延续到了二十世纪
人为笞绳我为奴辱的日子啊
　　怎能不叫人心悸

古今中外　多少人深情地把祖国
　　比喻成母亲
当雍容慈爱的母亲遭受欺凌时
她的四万万孩子的心犹如刀剜
滔滔黄河　奔腾咆哮
巍巍太行　怒发冲冠

微山洪湖　潜流汹涌
千里平原　风卷云残
海内外炎黄子孙团结一心　同仇敌忾
国共两党共御外侮　誓死不当亡国奴
中华儿女用血肉筑起新的长城
挽臂高呼:爱我家乡还我河山

中国战场的斗争是如此艰难
哪一个可歌可泣的故事不是带血的诗篇
我们牵制并消灭了日寇的大部分有生力量
为世界人民反法西斯战争的胜利
付出巨大的牺牲　作出巨大的贡献

悲哉壮哉　驰驱疆场哪管碎身黄尘
惨兮烈兮　坐穿牢底不惜肝脑涂地
九死一生却仍前仆后继
诗人把这种情感表达得酣畅淋漓
“为什么我的眼里常含热泪
因为我对这片土地爱得深沉”

是啊　因为热爱
当母亲连肩带肉被砍下五分之一时
痛彻骨髓的一定是他们
是啊　因为热爱
当祖国在风雨飘摇中不堪凌辱时
奋起保卫的一定是他们
因为热爱　所以忠诚
因为热爱　所以抗争
因为热爱　所以慷慨赴死血沃中华

因为热爱　所以坚忍执著绝地逢生

履后土而戴皇天的斯民啊
这热爱自古及今一脉相承
它穿透六十年的风尘呼啸而来
在重温往事时　又一次
　　让我们热血沸腾

第三章　永远的激励

六十年了，抗日战争暨反法西斯战争胜利
六十年了！
当年　宝塔山上的大个子
向世人昭示这胜利时曾这样说
“它是站在海岸遥望海中已经看得见
　　桅杆尖头了的一只航船
它是立于高山之巅远看东方　已见
　　光芒四射喷薄欲出的一轮朝日
他是躁动于母腹中的快要成熟了的
　　一个婴儿”

如今　这航船直挂云帆满载希望
这婴儿已在世界舞台上显示出
　　巨人的形象
而那一轮鲜红鲜红的太阳
　　煜煜煌煌畅行中天
　　温暖着中国　照亮了东方

金水桥畔的华表对天高歌威严豪迈
社稷坛中的五色土长满祝福长满期待

长亭外　古道边
不再是残阳如血　苍山如海
大河上下　塞北江南
到处是五月的鲜花在盛开

“到处都是活跃跃的创造
到处都是日新月异的进步”
正如先烈所预言的
古老的中华青春焕发　笑逐颜开
全面建设小康社会的步伐稳健昂扬
改革开放的大潮汹涌澎湃
入世的契机让我们日夜思进
申奥的欢呼使我们一展风采
满载梦想的“神舟五号”已飞上太空
它带动了历史　沟通着未来

创建和谐社会　树立科学发展观
求真务实的构想　高瞻远瞩的规划
十三亿儿女簇拥在母亲的裙裾下
享受和平　创造幸福
繁衍生息　美景如画

眺望河山则愈爱吾国
披览史籍则受益传统
前事不忘　后事之师
知耻而后勇的民族
才能走向富强　走向兴旺
十四年的屈辱　八年的全民族抗战
这是我们永远的痛楚

这是我们永远的力量
这是我们永远的激励
这是我们永远的成长

腾飞　是每一个中国人的梦想
谁不愿中华
成为浴火重生的凤凰
今天　我们在这里纵情歌唱
歌声里有祝福更有热血衷肠
祖国啊　愿熔一腔赤诚在你的怀抱
让生命的每一分钟
都伴你凯歌前进　都与你共创辉煌

刊于2005年9月12日第8期
作者为《辽宁师范大学报》编辑

满江红

——贺西山校区奠基

王求实

2005年11月19日9时58分，辽宁师范大学西山校区开工建设奠基典礼如期举行，鲁昕副省长等省、市领导亲临致贺。天公作美，人气十足，欣逢盛事，感慨良多，欣然填词一阕以纪。

初冬时节，栖凤坡，洋洋喜气。
最难得，云淡风轻，松翠柏绿。
艳阳皓月同辉映，
灵鹊信鸽共比翼。
冥冥中，自有天道在，酬勤意。

彩旗舞，欢声急，
礼炮鸣，军乐起。
看百年大计，
行奠基礼。
四方宾朋挥银锄，
八面来风襄盛举。
更坚信，成一番事业，凭人气。

刊于2005年12月2日第11期

作者为校机关干部

心语流年

一径马蹄踏碎深山里的寂寞

一曲骊歌窃去筵席间的欢声

当年我轻轻地走了

而今你轻轻地来

都站在流年中低吟浅唱

年华如锦

每秒光阴都成了黄金

亲爱的伙伴

钢　人

祖国日日新，
时代向前进，
未来的人民教师队伍，
又增添了新的生力军。
亲爱的伙伴：欢迎你们
欢迎你们来到新的学习环境。

光荣的教育事业
闪烁着无穷的光芒，
千万颗幼小的心灵，
需要教师去塑造、培养。
你们——未来的人民教师，
就是塑造人类灵魂的匠人。

像慈母用乳汁哺乳婴儿，
教师用双手播下了红色的种子。
像园丁勤奋地培育着幼苗，
教师灌溉着幼苗茁壮地成长。
一滴滴血汗放出了光辉异彩，
桃李满天下，红花处处开。

啊！光荣啊！
人类灵魂的工程师。
——未来的人民教师
啊！光荣啊！
崇高的教育事业，
学习战线上的新兵。

亲爱的伙伴：欢迎你们，
美好的未来在向你们招手，
神圣的事业待你们完成，
准备好一切吧！
以勇敢的姿态，
迎接着新的战斗。

刊于 1959 年 8 月 15 日迎新专刊
作者为数学系学生

七 律

——赠新学友

张嘉树

(一)

满院鲜花次第开，
喜迎征雁四方来。
群科应有翔宇志，
通史还乏范文才。
已见浊流随浪去，
安能壮志逐年衰？
校园今又植新树，
不是杨柳亦非槐。

(二)

丹心一点万花红，
茁茁新松夕照明。
春雨随风潜入夜，
甘霖润物细无声。
含辛茹苦吞折齿，
吐气扬眉做园丁。
漫道菊花临秋晚，
芳香更比牡丹浓。

刊于1979年9月20日第4期

作者为政史系77级学生

校园恋歌(散文诗)

张建华

明月皎洁的夜晚,我漫步在即将离别的校园。夜,是那样地静谧,仿佛把一切都溶进了她的梦里边。风儿轻轻地拂过,把我一缕缕爱恋的情丝送进这哺育我成长的摇篮,也把我的思绪牵得那么遥远、遥远……

借着月光,我在寻觅,哪里是我走过的足迹,哪里是我扶过的栅栏?呵,找到了——足迹,可我数不清,有的在弯弯曲曲的小路上,有的在笔直平坦的大道边。呵,看到了——栅栏,可我没记住,是曾在那争论,还是在那攀谈?噢,想起来了,在那背过ABCD,在那读完了《共产党宣言》。一切的一切,是那么地熟知,那么地亲切,仿佛已经很遥远了,不,好像就在眼前。

呵,校园,人类灵魂工程师的摇篮,你竟深深地拨动了我心灵里爱的琴弦。我渴望着,渴望着塑造出圣洁的灵魂,我憧憬着,憧憬着祖国万紫千红的春天。我终于走进来了!带着夙愿已尝的喜悦,挑着祖国给我的重担。多少次甜美的梦呵,编织出五光十色的花环;多少回欢乐的唱呵,唱着一个新园丁的美好心愿。

四年了,人生长河中短暂的四年,是什么牵动着我的情丝,使我深深眷恋?是南院那高耸的新楼,还是北院盛开的花坛?是曙光中的校园晨曲,还是暮霭中的灯光点点?呵,不,不仅仅是这些,是同学间结下的深情厚谊,是老师们一丝不苟的身教言传。是攀登书山的铿锵脚步,是校园里那春天般的温暖。

我曾在茫茫的书海前哀叹,是老师帮我找到了勤奋这只渡船;我曾被光怪陆离的西方弄得眼花缭乱,是党教我把美丑和是非明辨;我的心头曾是一根凋零的枯树呵,是园丁们千百次的浇灌,才使知识的硕果把枝头压弯。这一切,是那样地熟知,那样地亲切,仿佛已经遥远了,不,仿佛就在眼前。

夜深了,只有那满天的星斗还在一闪一闪,仿佛在问:是什么还萦绕在你的心间?是埋藏在心底的记忆,还是那美好的明天?我要把我的一颗赤诚的心捧进这美丽的摇篮;我要酝酿一首优美的诗,献给这即将离别的校园。

刊于1982年1月15日第1期

作者为政史系77级学生

朋友，我们还会重逢（散文诗）

——献给七七级毕业生

陈明山

像一只勤劳朴实的蜜蜂，告辞了姹紫嫣红的花园。展开水晶般透明的翅膀，载着飘溢的芳香和彩色的花环。你——将飞去了，飞向祖国辽阔的蓝天……

像一匹即将出征的骏马，披一身玉佩金鞍。足下是一曲振兴中华的凯歌，唱出古老土地上崭新的诗篇。你——将奔去了，奔向祖国茫茫的草原……

啊，我亲爱的朋友！当岁月的航船，满载着沉甸甸的收获，驶进八二年的港湾，你含着甜美的微笑，兴奋地跨上时代的甲板，迎着五彩缤纷的朝霞，化作矫健的海燕，掠过浩瀚无际的大海，去采撷理想的果实、品尝生活的甘甜。你，一个年轻的舵手，撑起小舟扬起风帆……

朋友啊，我们还要重逢，在祖国的苗圃，一个百花争艳的田间。我们在同一条长河里淘金，在同一熔炉里陶冶智慧和情感，在同一块土地上耕耘，播下知识的种子和信念。那时，我们的周围应该是万紫千红、春花烂漫……

刊于1982年1月15日第1期

作者为政史系79级学生

离校感赋

张嘉树

积雪初融入校门，浑身稚气笑天真。
四年转眼韶华去，何处回眸佳境寻？
绿柳才黄山上路，红霞似火海边人。
而今话别又飞雪，道是梨花万树春。

如梦当年草萋萋，欢歌笑语在东篱。
蕊寒不怨燕来草，香冷谁怜蝶渐稀！
四载丹心壮秋色，一身绿叶化春泥。
天涯别后重阳酒，处处清风花满蹊。

刊于1982年1月15日第1期
作者为政史系77级学生

这土地，是我们的土地

——致新学友

林　雪

在海滨的秋天，我拾到很多首诗，
留下一首赞美
星星般聚合的眼睛，
蒲公英飞飘的理想，
和这土地——我们的土地。

我的大手大脚的兄弟，
莫忘记乡村的土地。
铧犁和老牛还是一对难友，
少男少女们留下辛劳的足迹；
柴刀和牛鞭在分割他们的青春，
哦，土地，我们的土地！

人们大多称我们“先生”，
幼儿园的孩子会叫我们“阿姨”。
我们是教师，是人们称誉过的园丁。
把所有儿子般的忠诚，献上！
把所有母亲般的责任，献上！
因为这土地，是我们的土地。

刊于1982年9月13日第8期
作者为中文系79级学生

写在金色的秋天（散文诗）

——献给八二级新同学

矫　健

九月，金色的秋天，你来了，在这收获的时节，捧着优异的成绩，带着丰收的喜悦，告别了母校、亲人和家园，离开了钢城、煤都和草原，从祖国各地汇集到渤海岸边，跨入了辽师校园。白杨树在向你招手致意，秋菊花为你绽开笑颜。欢迎你，新同学；祝贺你，新伙伴！欢迎你踏着"十二大"欢庆的鼓点，骄傲地来到这人类灵魂工程师的摇篮；祝贺你以优异的成绩无愧地站在这新的起点！

亲爱的同学，在这金色的秋天，你是抱定已收成果而自我陶醉，还是为了新的开拓而勇往直前？你能仅仅忙于收获而忘记耕播？这新的起点不正是你攀登科学高峰的春天！切莫洗去昨日耕耘的汗迹，也莫让收获的女神迷住你的双眼。努力吧，新一代的青年，有众多的同学帮助，有辛勤的园丁指点，一定要把新的力量增添；任科学征程任重道远，任真理阶梯高入云天，我们不畏难，同甘共苦携手并肩。书山有路，学勇士登攀；学海无边，鼓冲浪风帆。为中华，莫把家乡思念，为大业，莫把亲人怀恋。路遥遥，四载春华秋实，一千五百回日月轮转；立大志，困难吓不倒英雄胆；苦攻关，不到长城非好汉！学习上勤钻研，生活上更检点；严以律己，宽以待人，优良作风不能变。这，就是我的心中语言——衷心的祝愿。在四年的大学时代，你如何浇灌如花似锦的青春？在知识的海洋里，你准备怎样驾驶扬帆的小船？啊，不要求回答，只待明天的检验！

九月，金色的秋天，你来到滨城大连，跨入辽师校园。你可曾想过这又是一个春天——你在知识园地播种的春天？四年后的今天啊，才是你真正的秋天——金灿灿的秋天！

刊于 1982 年 9 月 13 日第 8 期

作者为政史系 79 级学生

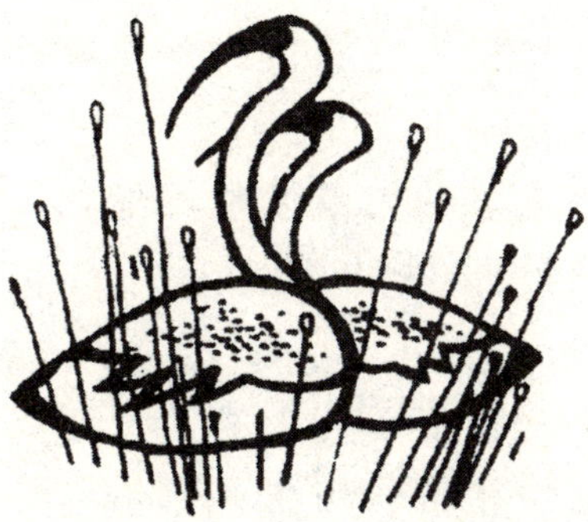

这片凝缩的时光

刘兴雨

很快地，我们只能在影集里找到这片时光，
多么想把剩下的日子变得四年一样长。

到书籍的海洋中再遨游几回吧，
这里没有令人空虚的许多惆怅。

甜蜜的争吵再进行几次吧，
不久的将来它将使人悠然神往。

生活应该最大限度地凝缩，
时光易失，失去了就无法补偿。

无论是眼泪还是歌声，
真诚的就值得回想；

不管是辛酸还是甜蜜，
和生命相连的就不能遗忘。

哪里的大海没有沙滩？
哪片沙滩能挡住深情的波浪？

刊于1983年5月18日第4期

作者为中文系79级学生

送　你（外一首）

——给七九级同学

陆文采

送你，
一声声的朗笑，
一句句的赠言，
一次次的握手，
凝结着友谊、祝愿和希望。

我们曾一起生活了四个春秋，
如今你将告别母校去痛饮生活的甜露，
我怕用师生的离情玷污了你的壮志，
再赠你一首豪迈的歌词，
串联起你我远隔两地的情谊和奋斗！

赠　言

切莫叹息已经飞逝的年华和时光，
也莫满足于已得的成就和希望。
青春、生命、年华、理想的图案，
无情的岁月将会作下真实的记录。

我们命定的目标和道路，
不是享乐也不是受苦，
而是用智慧和劳动的汗水，
在广阔的土地上培养起一片绿洲。

刊于1983年7月1日第6期
作者为中文系教师

列车转弯的时刻

——给毕业支边的同学

刘兴雨

英雄需要的是理解和事业,不是颂歌。

——题记

（一）

离离草丛中
一夜间
长出抚天的枝叶
吸去了陌生和惊愕
熟悉地对旁人悄悄指点
像介绍一批天外来客

英雄就在我们身边生活
如同火车头
你在车厢里,只有转弯时
才能将他们发觉

（二）

狂热的夏天已经过去
绿枝间掩映的
不再是生涩的果

自然界的太阳
由边疆照到内地
青春的光芒
由内地向边疆辐射

月亮因太阳而苍白
也因太阳而显得皎洁
你们并不想名垂青史
可你们教我学会了惭愧
学会了自责

(三)

我们的国土不是一幅国画
在许多地方留下空白
这驱使你们拎着电视塔、交叉桥
闯进古老的生活
在你们身边
马头琴和电子琴一起歌唱
在你们身后
汹涌不息的青春
激荡着关于你们的
无数传说

刊于1983年7月1日第6期
作者为中文系79级学生

再见吧，母校（歌词）

刘　力

再见吧！同学们。继往开来是我们的使命，努力奋斗是历史的呼声。美好的时光莫轻易抛弃，壮丽年华当爱惜珍重。为了祖国统一，为了世界大同，我们朝气蓬勃，踏上通往理想的征程。

难忘那同学的友谊，难忘那师生的挚情。今天我们握别在摇篮，明天我们重逢在花丛。看四化的美景里，充满着我们的身影。

再见吧！同学们。我们的肩上负着重任，我们的心中充满了活力。广阔的天地任我们飞腾，伟大的祖国靠我们振兴。为了中华民族，为了共产主义，我们告别校园，踏上通往明天的征程。

啊——，再见吧，母校！再见吧，同学……

刊于1984年7月2日第8期

作者为中文系80级学生

告别校园

王晓峰

太阳大汗淋漓地
沿着巨大跑道行进了四周
我们以七月的热情
告别校园
我们曾用酒瓶和脸盆
伴奏着生活的主旋
曾像顽童一样地逃课 却在夜里
聆听着温元凯不眠的声音
我们常常扔下教科书　传看着
梵高的大胆和野性的色彩
排球场上姑娘们的喊声　将永远
吸引着小伙子骄傲的目光
小伙子喜欢真诚地袒露着
发达的三角肌和早晨般的微笑
在游泳池在运动场在所有的地方
他们总自愿地组成
一支勇敢的“拉拉队”
青春的帆　在这里鼓满了
青春的船　从这里出发了
当毕业证和单程车票　引起惆怅时
我们便告别校园
青春的校园

已打在我们沉甸甸的行李中
在未来的旅途中
我们便有了厚实的保障

刊于 1985 年 6 月 28 日第 6 期
作者为中文系 81 级学生

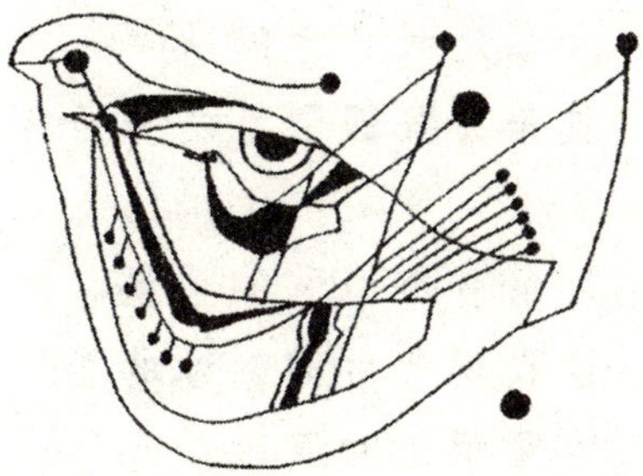

我思念……

王　琳

我思念故乡的小河，
还有那童年的欢歌，
打鱼、捞虾、上山、爬坡，
是多么惬意和快乐。

我思念海边的沙滩，
还有沙滩上脚印串串，
大海是我童年的伙伴，
我曾发誓回到她的身边。

母亲有个微薄的希望，
让我毕业后回到她的身旁，
望着年迈的双亲，
我何尝不想尽尽我的孝心！

我想念故乡的亲人，
更思念我的祖国母亲，
我牢记父母的嘱托，
更不能忘记我的祖国。

刊于1985年6月28日第6期
作者为地理系81级学生

告别

赵国庆

此时
每一片绿叶
都无比动情
港湾
一切都在说：
“你只在这里
作几分钟的停留”
可是　海上
已升起了
银色的帆
既然
生命属于海
那么
就让我的航船
以这个港湾命名吧
我背起海风
　　背起所有
　　注视着我的眼睛
用白帆
在海上

续写我带着波澜的
人生

刊于 1985 年 6 月 28 日第 6 期
作者为中文系 81 级学生

我们是年轻的白桦林

——致新同学

姜　伟

我们是年轻的白桦林
高耸在笔直的地平线
我们真诚热烈的眼睛
凝望世界凝望蓝天
凝望春夏秋冬走过我们
于是,我们变得通体透明

我们欣赏阳光
欣赏暴风雪朗诵寒冷
并用属于我们自己的歌喉
唱出火红的向往和淡绿色的憧憬
我们拥有象征生命力的葱郁
我们拥有足下黝黑的土地
我们因此而富有
空虚无聊会感到自己的
残缺和苍白

我们从来不寂寞
我们每天舞动白皙的手臂

迎迓辉煌的日出
为东方巨人三十六岁的生日
我们甘愿燃成颗颗蜡烛

刊于 1985 年 9 月 25 日第 8 期

作者为政治系 85 级学生

是的，我要走了

杨田　刘永瑞

是的，我终究要去
那被人遗忘的地方
在那里，我将得到我的一切——
每个温馨的夜晚
我会遥望星空
寻找着，寻找那颗在我眼里
熠熠闪光的小星星
她还是那样
孩子似的眨着眼
星光，童心的闪烁
孩子有孩子的天真
孩子有孩子的活泼
我会对着星空，大喊一声
“喂！你，那颗小星”

我终究要走的
到那被人遗忘的地方
也许，人们会从断壁残垣中发现
我们的遗迹——
颤颤发抖的古堡
已是立体交叉，高楼广厦
人们也许会知道

那里有我，首先
我要在那里种上一株花
有那么个时候
她会对我微笑
在我心上
送来一丝凉爽
　　一缕清香
我点燃了火呀

我终究要回到
那片属于我的土地
那里有我的一切……
迷恋海滨的旖旎
也是一种生活
但我听到了远山的呼唤
那里的株株野花
需要我你
撒一捧松土
浇几滴清水
让绿色伸展
让芳香飘逸

刊于1986年5月24日第4期
作者为中文系82级学生

永驻，我的母校

徐成方

看惯了你物换星移的天象和夜空，
于是，深刻的理解浸透了我；
我踏着你裙裾的飘带走来，
年年那排花墙高过栅栏……

门灯，时间的眼睛，
送我一程又一程，
给冷意的雪以温暖的橘红，
仁慈而宽容的均衡，
教会我分辨可爱的，可憎的，
放荡的、尊严的、扰人的……脸。

大雁聚了又散了，
毕竟是候鸟啊，
需要新的适合的环境，
因为最静的湖水也需灵性的颤音！

依恋地飞去，
不似那偶然的来……

画一个“;”号，
对于历史和未来，

也不拒绝恰切的句号。
用“:”号说出自己的声音，
“——”号两端的内涵，
一个决不麻木的“!”号。
同时起步，
走向新的召唤……

刊于1986年5月24日第4期
作者为历史系82级学生

请记住这一时刻

——致新同学

刘惠汉

季节钟鸣响九月的天空
这一时刻必定有喜讯传来
必定有芬芳的年龄涌向校园
九月开始多情地等待
梧桐雨潇潇洒洒的故事

于是便有滚动的思绪
碾平一段迟疑的历史
载你而来　你没有迟到
你会努力想象　相聚
绝不是一种偶然的记忆

于是便有一万种寄托
在日出和暮落的交响中回旋
你将重温笑语
圆润你如歌的翅膀
你把梦交给了昨天　以明眸
翻动一页床头的日历

于是你开始寻找一种归宿
以自己的眼睛　惊奇地

透视这个世界熟悉而陌生
你蓦然发现　其实世界很小
路却不止一条

九月是多情的
她已将你的倩影
镶嵌在她心爱的影集里
并且　请你记住这一时刻

刊于 1987 年 9 月 20 日第 7 期
作者为中文系 84 级学生

致别朋友

白宝明

也许你没有想到
花期这样快就消瘦了
四度春秋的风雨
浓缩在高脚杯里
却来不及细细品味
当葡萄美酒的余韵
涨红每一腔成熟
海风吹散惜别的惆怅
重新擎起男子汉的豪迈
我们最后一次邀约
去看夕阳涂抹过的苍海
我那红彤彤的祝愿啊
是否能伴你远航呢

刊于1988年6月24日第5期
作者为中文系85级学生

单程车票

王秋生

所有的日子都在凝缩着
凝缩着如一句沉甸甸的赠言
所有的路都倾斜着
倾斜着等你离开时
仿佛深重的脚印
踏在我灼热的额上
喘息已液化为青春之流
注定我们都将这样奔涌
奔涌着冲出世界的缺口
而如今远方是一张单程车票
可触可摸且不可预测
我们只能在这人生的小站上
互致祝福再点燃一根烟
像点燃最后的誓言

刊于1988年6月24日第5期
作者为中文系85级学生

未必

——给一位将毕业的朋友

韦风华

无边无际未必就是很大
无影无踪未必就是很小
独自一人未必就是孤独
行于人海未必就是快乐
眼里涌出的未必都是痛苦
脸上浮现的未必只有笑容
分别未必注定没有重逢
相聚未必只在梦中
无路的时候未必就是困境
有路的时候未必只有车到山前
远方未必生长荒凉
山道弯弯未必不暗示什么
生活未必总板着面孔
相信自己的选择未必就是错

刊于1989年4月24日第2期
作者为中文系85级学生

非别离

——送给毕业生

杜　芳

如风与月的依语
我们相遇了　于是
漂流的云寄着梦幻
在诗一般的季节里
追逐真追逐美　洒了
所有的笑容与眼泪
是不是相聚只是一个短暂的月夜
是不是所有的笑都已飞散
是不是一切都要静静流逝——
　　永不再回
为什么　静谧的夜空
总飘着你真挚得不容怀疑的脸
为什么　轻盈的风
总系着你开朗若阳光的笑
原来
不是一切都稍纵即逝
不是不相见就意味着分离
我好想　与你
和
这一颗诚挚的心
这一番洁白的情

这一段细致的青春
一起嵌入
一个千年的　梦中

刊于1991年7月10日第4期
作者为历史系90级学生

写给流年

盛 晔

让我们的生命与情感在似水流年中微笑着面迎花期学程。

——题记

(一)

最后一朵玫瑰在晨曦中凋零了。我叹息着拾起片片花瓣轻轻压进日记的扉页，黯然为花儿作祭：开时，辉煌；谢罢，忧伤。你见了却灿然而笑，说："何必替它伤情？也许从绽放到枯萎，它已经体味到了最具震撼力的真实。"

这就是生命的历程——绚烂之极便归于平淡。

(二)

黄昏暮色中，朋友弹着刚刚拭去灰尘的六弦琴在低声吟唱。唱他关于失恋的歌谣："我的爱已不再，明天永远不要来……"你走过去问他为什么要拒绝明天？朋友想想说忘不了昨天。你笑了，悠悠地说："昨天不是属于逝去的那颗流星吗？而明天呢，依然会和太阳一起瞩望着你和你的爱。"

真的，如果明天还会来临，希望与情感又怎么会抛弃我们呢？

(三)

学旅匆匆，在风起的季节里你将要远行。我无法挽留，只能一任目光越过你的肩膀撒落进沉甸甸的行囊。想了很久的心事变作承诺："等你回来时我会依然如旧。"你听罢淡然一笑说："变化有什么不好？成长就是让人在不经意间改变的，就如同挥手的时候我已不是当年的我了。"

我想起庄老夫子的话：毁我塑我。

刊于1996年4月24日第2期

作者为中文系93级学生

扬帆者的歌

钱秀丽

别了
黑板旁那把熟悉的旧锁
别了
教室前那张棱角已失的讲桌
别了
朝朝相处的师朋学友
别了
菁菁校园里的
绿草青青，桐影婆娑

再坐一坐
图书馆里那宽大舒适的座位
再看一看
那雨中的丁香，月下的常青藤
胸怀中激荡的总是
那份深深的眷恋与不舍

一份份离情别绪在手里紧紧地握着
握成一股冲天热力激励我们
为了事业的拼搏
烛光虽微却如银河里的繁星闪烁
大家同心同力定可点燃

中华教育的熊熊圣火
教育要腾飞
靠你也靠我
我们要用那一支支小小的粉笔
描绘出二十一世纪的锦绣中国

刊于1997年6月27日第6期
作者为外语系93级学生

季节

穆晨曦

记得初来的季节里
有黄叶　有秋风
那略有凉意的日子远了
相聚的喜悦却宛在昨天

然后　就有洁白的雪片片飘落
大大的雪球像礼花般在空中绽开
满身冰雪、狼狈不堪的日子远了
快乐的笑声却宛在耳畔

接着　柳丝长了　飞絮满天
杏花春雨中　漫步校园
清脆娇柔的鸟鸣声远了
吟诗论词的雅兴却丝毫未减

如今　绿叶成阴　嫣红遍地
却有汽笛的长鸣缓缓响起
你将驶向下一个驿站
飘然远离

秋去又春来　时光荏苒
也许无缘再相逢

但我知道
知道你会怀念
怀念那些过去的日子
怀念那些从前的季节
春天　园中的白玉兰花又开了
秋天　路旁的法国梧桐又落叶了

刊于1997年6月27日第6期
作者为信息管理系96级学生

辽师，我热恋的校园（外一首）

王立权

车轮即将滚动
我与你的距离
在这落雨的季节里
越　走　越　远

四载风雨
只让我越走近你的胸怀
却在熟识后
执手相看　依依而别

辽师，我真舍不得说再见
你是我热恋的校园

在你梧桐的阴里
写下我多少抒情的诗句
在你月的影中
留下我多少徉徜的脚步
就这样　四年里
我与你　滋生爱情渐渐相恋
把我的真情
写给你的每一天

辽师,我真舍不得说再见
你是我热恋的校园

你用尖尖的铧犁
开垦我一个又一个春天
在四季的日子里变幻
收割丰年
我沉甸甸的谷穗
沾满你晶莹的汗滴
让我在收获的季节里
吟唱　欢歌

辽师,我真舍不得说再见
你是我热恋的校园

写给我三点一线的生活

如果可以淡化生活
校园里的每一天
都可以浓缩为三点一线
清晨　在一阵叮叮的铃声中
爬出我暖暖的被窝
在操场上列队
舒展手臂　擎起太阳
在早餐后的晨光中
阅读一天的文字

食堂里的香气
总是滋扰我的嗅觉
把生活中的三个时辰

定格　拉近

教室里的每一分钟
都珍藏成粮食
如我的父辈们
在自己的土地上
挥汗如雨祈盼收获
把粮食一粒粒捡起
收入粮仓

校园里的生活
总在忙碌中成为充实
把平常的三个点
串成一个线　拉直

刊于1998年6月12日第4期
作者为政法系94级学生

大悲赋（并序）

石静波

大悲赋，不是绝世的武功，只是情感的告白。天涯并不遥远，明月依旧皎洁，而刀已断，酒已干，花已残。当此霜风吹鬓、去意徊徨之际，为所有弃我去者，乱我心者，我只能凭借尘封的文字，翻唱千百年来人们一直唱着的老歌：弱水三千兮彼美一人。宛如清扬兮，在海之滨。荡子多情兮，勾留四载。今将远离兮，黯然销魂。

九月鹰飞，枫林红醉，水接五彩之城，人约中秋之夜。南窗倚梦，觉他乡之温存；西门吹雪，销羁旅之落寞。红楼玉宇，仍是书声千转；紫亭兰轩，曾有柔情百结。笔歌墨舞，昵他酒朋诗侣；朗吟傲啸，唱我盛世华歌！马蹄匆匆，渐去日已未远；鹿鸣悠悠，恍往事亦如昨。

嗟夫大悲！风流云散，一别如雨。青霭沉沉兮，兰舟催发；两情缱绻兮，公无渡河；念恩师之邈渺兮，怅望江关；唯知交之零落兮，爱又如何？宋玉雅怀，难禁楚天秋叶；江郎才气，不胜南浦春波。抽刀击水，斩不断无情岁月；把樽酹江，饮不尽有情山河！

已矣乎，伤心百代，总是秦女萧郎；红尘无尽，皆成过客旅人。寓寸心于白萍，且随人潮聚散；寄片言于红叶，一任烟雨凄迷。

刊于 1999 年 5 月 28 日第 5 期
作者为政法系 95 级学生

毕业生

郁　风

毕业生喜欢夜晚
在星子哀伤的光芒中
围坐在一起
谈论着太多的往事

毕业生都哭过
却谁也不肯承认
就拼命地唱着歌
唱着一碰就掉眼泪的歌

毕业生不再写诗
在蚊子出没的寝室
发出很长的一声叹息

毕业生就要走了
最后一次放慢脚步
路过校园的每一棵梧桐

刊于 1999 年 5 月 28 日第 5 期
作者为美术系 96 级学生

回　眸

冯　雪

有一种心绪
在回首过往时常有笑声入梦。
有一种情愫，
在执手相望时会有泪水盈眶。
时光流过四季，
曾经绽放理想的校园，
而今变成了折柳送别的坝桥，
天边云卷云舒，
昨日稚嫩懵懂的少年，
今天就要背负行囊扬帆远航。
也许岁月淡忘了你的名字，
可是初夏的梧桐，
仍然保留你嗅过的芬芳
也许课堂上不再有你的身影，
但入夜的寝室楼，
仍旧继续着你夜读的灯光。
不要让前行的脚步停驻，
前方是你圆梦的战场，
不要吝惜你的一次回眸，
母校正为你点亮祈福的灯光，

祝福每一位即将离校的学子，

鹏程万里，前途无量。

刊于 2004 年 6 月 10 日第 4 期

作者为文学院 2001 级学生

写给新生：青春在左，幸福在右（散文诗）

樊　菲

过去的一切都已远走，崭新的世界从九月开始晶莹剔透。九月的那一天，你们笑盈盈地走来，如此阳光，如此青春。

我始终相信，与花相关的所有美好全部都属于青春，譬如年龄，譬如笑脸……台阶，操场，林阴道，都满载着希望；教室，寝室，食堂，都充盈着欣喜。让充满新鲜感的喜悦随花朵的芬芳在空气中扩散，倘若再有不快与感伤，也一定要随着初秋的热气蒸发殆尽。你们会发现，书写青春与幸福的日子从这一刻开始。曾听说过一句话：指间绽放出幸福的花朵。年轻的你们对幸福的渴望是如此热烈。青春，又是个喜欢隐藏的季节，把所有幸福都收拢在一起，却暗暗昭示着你去寻找。青春，是一种态度，充满魅惑，像一阵热烈的风，来幸福彼此。

在暖暖的阳光里，温习着清冽单纯的青春梦想——有梦，就可以随时钻进美梦的小巢里快乐地躺一躺。幸福的香味，回旋在整个青葱年华。年少的时光，自然的欢乐，都会点滴记录在未来的日子里，美丽而深刻。蓝天里，云卷云舒，从未如此澄净过，似乎这一切只为朝气鲜活的你们一一上演。

九月，阳光灿烂，风也悠凉。青春在左，幸福在右。新的旅程中，请勇敢地装扮好自己，像一朵浓郁的鲜花，含苞，然后怒放！

刊于2005年10月14日第9期

作者为文学院2004级学生

情暖学旅

是谁轻掩书卷
打量那溢出的红晕
是谁面若桃花
为少年的青涩绸缪
温暖是三月的窗户
我的心张开明眸
让生命与情感
在似水流年中　微笑着
面迎花期学程

送　别

——一首分行的散文诗

仲乃英

农村向人们招手，
　我们的老师坚定地走去。
学生向老师招手，
　为我们敬爱的老师送行。
时间就这样转瞬消游：
昨天，您还在讲地体演变，
　您还在灯光下批改作业，
今天，
您又要准备行囊奔向远方。
　您将踏上另一个战场。
尽管我们是短暂的相处，
又怎能不让我们产生
离别的恋情。
时间像匹战马在飞跑疾奔，
老师，您去吧！
　那是党指给的新路程。
老师，您去吧！
　那是去扣共产主义的门环。
尽管我们是这样的难舍难离，
又怎能不让敬爱的老师前进！
田野在向人们招手，

　　我们的老师步入绣程。
学生在向老师招手，
　　愿不久重聚在丰收的谷场上。

刊于1958年1月10日第2期
作者为地理科二年二班学生

师院养育着我们

尉常水

大连师院，
三个月以前，
对我们来说该是多么陌生！
然而今天，
我们却在这里安家生活，
我们感觉的不是陌生，
而是温暖，可亲……
师院对我们的一切，
都是关怀，信任……
正像抚养我们长大的慈母。

我们刚一走进大连师院，
老同学们挥舞双手欢迎我们，
好像迎接离散后的亲人；
我们的友谊，
早就建立了。
我们都是建设社会主义；
我们都是培养祖国第二代的人。

我们衷心感谢师院的各位老师，
他们为我们废寝忘食……
勤勤恳恳地教导我们；

使我们更多地掌握知识和本领……
以便更好地服务于人民。

大连师院，请相信我们！
我们虽然在您的母育下，
仅仅只有九十天，
然而，
我们的思想却在除旧更新。
我们热爱社会主义；
更爱祖国的教育事业！
哪怕分配我们到荒山僻岭，
我们永不动摇，不变心。
那是因为：
我们的服务对象，
是淳朴的劳动人民。

刊于195[illegible]年8月15日第31期
作者为短训三班学员

赞美我的师范学院

鸣　铎

带着恋人般的情丝，
怀着孩子似的眷恋，
我在为你写一首诗篇
——我的师范学院！

写你那晨光中的楼影，
写你那晚照里的花园，
写那几架紫藤正缠绕盘旋，
用苍绿，抹浓了一角蓝天……

"多美的校园啊！"是美——
谁看一眼，不醉满心间。
"可惜是师范学院！"天哪——
竟有人，这样"赞叹"！

工学院：戴着金色的皇冠；
医学院：挂着银质标签。
是从哪年、哪月起哟——
我的师范学院，被罩上昏黄的光圈？

哪个家庭没有孩子，
哪个孩子不把书念。

假如学校里没有老师，
假如没有培养老师的校园……

挺起你的腰杆，人类灵魂的产院，
放出你的光彩，文明智慧的摇篮！
终有那么一天，
祖国，会给你戴上五彩的花环！

刊于 1980 年 12 月 25 日第 13 期
作者为外语系 78 级学生

献给梁宗巨教授

曲圣文

你站在收获的田野上眺望，
我看到你脸上笑意荡漾；
是在享受丰收的欢乐，
还是在播种明年的希望？

在你的生活里，
时间是无尽的宝藏；
在你的工作中，
汗水伴随着时间流淌……

漫长的昨天已成为历史，
眼前是夺目的鲜花和朝阳；
在陡峭山路上攀登的人，
不流连美丽迷人的风光……

刊于1981年5月12日第3期
作者为中文系78级学生

游子悄吟

——写在暑假北行的列车上

林　雪

（一）

我的心是候鸟的翅膀，它有飞去的时候，也有飞还的时候。

我回来了，缘着思念的常春藤，如期归来，又如期归去。

别贪恋慈母温馨的怀抱吧！别留恋稚子稔熟的足音吧！

（二）

车窗是一块变幻的屏幕，它给我层叠了黛色的天空，褐色的土地，绿色的树阴。

哦，站牌，旅人的田园，一路上，金州—鞍山—沈阳—四平。

哦，乡音，游子的骄矜，笑语中，有果园溢香，千山景秀，故宫倩影……

生活，当我慨叹你多姿的风韵时，也衡量我对你爱的深沉……

刊于 1981 年 8 月 25 日第 6 期
作者为中文系 79 级学生

写给教育实习的同学（外一首）

肖应俭

友谊全靠真诚，
有如圣水化作明镜，
能照见每个人的心胸。
坦荡有如大海，
把光和热溶进心里，
凝聚成炽热的爱，
连接着我们的感情。
假如生活遇到了不幸，
只要真、善、美的追求
尚留在你的心中，
真诚的友谊
便会净化你的灵魂，
如荷花出水，
抖落污垢，
露珠儿自会闪烁
　　满身晶莹！

旅顺口凭吊

不会忘记
黄金山的炮垒，
尚留着
民族的泪痕。

不会忘记
万忠墓的地下，
尚听到
奴隶们的呻吟。

我默立着
把心送给大海，
铭刻着
祖国的振兴。

刊于1983年11月19日第11期
作者为中文系教师

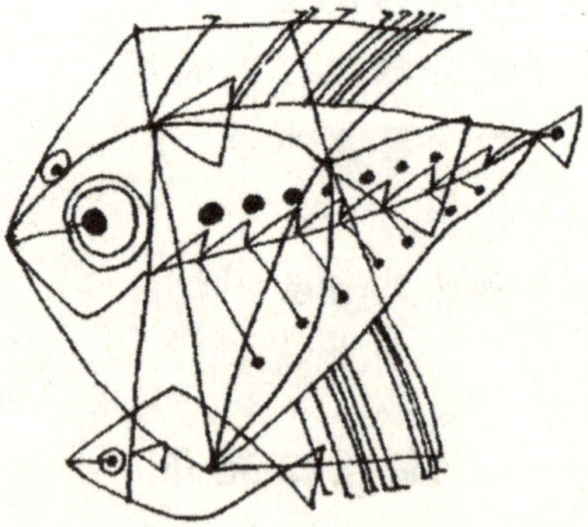

燃烧的火把

晓 山

一支粉笔
说了多少话
话里春风
吹向棵棵嫩芽

芽，在话里
绿满长江
芽，在风里
红遍天涯
绿的，高竹耸天
枝上响着风里的话
红的，梅花似火
话里春风在梢头高挂

粉笔，刷刷刷
字迹，像雪莲开花
写遍了人间
画尽了天涯

刊于1984年1月17日第1期
作者为中文系81级学生

丛林之歌

冬　阳

当我走进丛林，眼前是一排排高大的青松，一棵棵粗壮的白桦沐风栉雨，蓬勃劲拔；是满载知识后迎着朝阳？是即将出征前披着晚霞？呵——辛勤的育树人，是您倾心洒血，把株株树苗深情地栽下。

可知道，在这严寒来临的今天，他就要告别中年，霜染鬓发；可知道，在那初春三月的明天，他呕心沥血，就会倒下。也许，他再也看不到小树成长，将永远离开自己辛勤栽培的青松、白桦。可他胸有美好的理想，风雪退尽的江山定将壮丽如画；可他心怀坚定的信念，成材后的松桦定将为祖国擎起无数大厦。所以呵，他甘洒一腔热血，为点染明天的壮美图画；所以呵，他笑栽满山的树木，为兴我中华。

我仰望这棵棵大树，蓦地，我觉得这丛林多么令人激情迸发，而这小小的丛林又怎能容得下。你听，枝梢沙沙似育树人的声音，充满着期冀和我们亲切谈话；你看，枝干伸展似育树人的手臂，抚摸着我的肩膀像在检查。于是，我肃然起敬，应阵阵林涛大声回答：在这知识的丛林中，我愿学青松，我要做白桦。

刊于1984年3月6日第2期

作者为校机关干部

怀念您——我的母校

李家琳

您，是一朵硕大的花，
一直开放在我记忆的碧野上，
——那么温馨，那么鲜艳！
您，是一颗明亮的星，
一直闪烁在我眷念的星空中，
——那么迷人，那么高远……
十八个春秋梦绕魂牵，
我一次次回到您的身边——
在严肃的讲坛上，
我的老师还在侃侃而谈，
面容仍旧那么慈祥，
头发已是白雪一般。
在沸腾的校园中，
聚集着我的新伙伴。
这儿飘起阵阵笑语，
那儿又飞出歌声串串。
在那万籁俱寂的夜晚，
我和伙伴们坐在阅览桌前，
查阅资料，凝神沉思，
在笔记上写写画画，圈圈点点。
啊，我的理想之花在这里开放，
我的生命之帆在这里起航。

如今呵！我愿身生双翅，
飞到您的面前，
将赤子之心，
奉——献。

刊于1984年3月20日第3期
作者为数学系66届毕业生

绿色的藤萝（外一首）

邹广桓

去年我们握别时，你说：
“请相信，我是绿色的藤萝”。
我竟把这句话随意夹进日记，
几乎从未送上精心的思索。

现在，我也临近毕业了。
从日记里取出你的话，
我仿佛望见一颗流星，
划开一道耀眼的光泽——

藤萝架上悄然生长的藤萝，
一年一度，蜿蜒崎岖地攀升
向辽阔晴朗的天空，
挥洒几多生机盎然的绿色！

校园的灯光

照着轻叩幽径柔曼的脚步，
踏开串串外语滑软的音响；
照着合堂教室耕耘的大脑，
开垦块块古今书籍的土壤；
照着阅览室里求索的眼睛，
吸吮九州神采，异国风光……

哦，多少个夜晚，
灯光手挽着知识和心血，
一起溶进灿烂的理想……

刊于1984年11月28日第13期
作者为中文系78级学生

依恋

永井忍

我一辈子忘不了，
在大连过的美丽的日子。
和很多人相遇的春天，
愉快游玩的夏天，
回想起来，高兴又忧伤……
一想到告别的那天，
两条银色的线就顺着面颊流下来。

太阳失去光辉，
鸟儿忘记歌唱，
悲痛覆盖天空。
我把依依难舍的心情放在什么地方？
过去是不能返回的，
所以回忆很美。
永远铭记在心里，
不能忘怀。
快要来了，白色的冬天……

（永井忍是我校第一个外国留学生。她活泼、聪明、好学，3月份开始学习，至今已能说一口比较流利的汉语。年末她就要结束学业了，她说：“我心中充满了矛盾，高兴又悲伤，主要是悲伤，因为那时我就要离开学校，离开中国了。"她是个诗歌爱好者，回国后将出版自己的诗集，其中将写进她在中国、在我校生活的美好回忆。这是她最近用汉语写的一首诗。）

刊于1985年11月19日第10期

作者为我校接收的第一个外国留学生

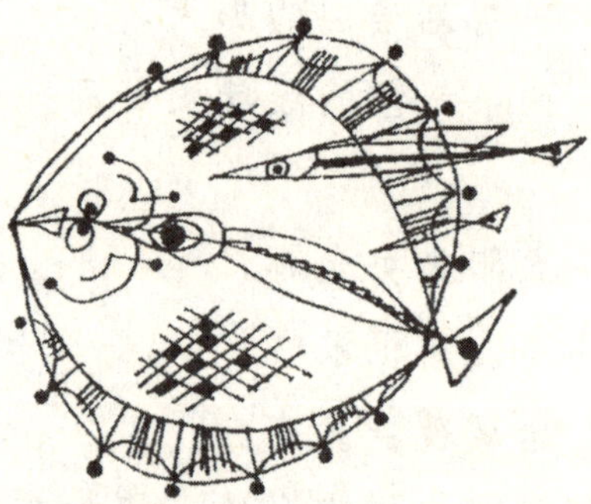

致

袁霞辉

我不敢给你一副飞的羽翼
总怕你迷失了心的归航
连同听到灵魂的啜泣

只在不安的迷惘中
攥紧那把送我的小锁
轻轻地磨着撩人的阳光

我不会为你添上一束赤红的
　　色彩
竭诚地塑造爱
斑斓我的骑士我的青春
只能遥遥地期待
我苦耕的森林里
长出一轮蓝蓝的太阳

我不愿送你一片白帆
让你仓促地驶出我们的军港
孤独地开始飘向遥远
只是从容地渴望着矫健

把心的天鹅湖
凝聚成一枚圆圆的月亮

我不能，我不能
剥开一个稚弱的幻想……

刊于 1986 年 4 月 26 日第 3 期

作者为政治系 83 级学生

重逢·分别

王淑品

生活曾是盛开的玫瑰，
给他们相逢的良机，
后来又是五月的刺梅，
令人留恋北国晚春的芳菲；
当绵绵细雨的季节来临，
他们又匆匆地告别……
逝水流年，人生促促，
寂静的山谷，欢畅的小溪。
玫瑰般的年龄，
怎能因多情而憔悴！
没有不含分别的重逢，
也没有不含重逢的分别。

刊于1986年6月23日第6期
作者为政治系84级学生

九月的歌

刘金利

你是盘古
用智慧的金镐
开辟我愚昧的荒原
你是布谷鸟
以圆润的歌声
把理想播进我幼小的心田
你是父亲
以古铜色的臂膀
塑造起我无畏的信念
你是母亲
用清纯的乳汁
酿就成我博爱的血液
你是我神话中的宙斯
你是我睡梦中的嫦娥
你是我息息相通的挚友
你是我比热恋更热爱着的情人
你满头白发和满脸皱纹
该是多少人的签名

刊于1986年9月22日第9期
作者为政治系85级学生

写在难忘的日子

赵 刚

顽皮的潮汐
撩开一个男孩子
　　朦胧中的神秘
我爱潮汐
是在童年的梦幻里
于是　一行行湿漉漉的
思索　每当潮涨的时候
便会遗失在黄昏
落日的海滩上
撒落一串串慨叹
牵走深深的眷恋和思念
　　掬一朵海浪花
　　品味那苦涩中的新鲜
也许我们再度相逢
在九月成熟的季节
眸子与眸子相撞
燃亮记忆深处的沉寂
谈笑那跳跃的一瞬
那么　继续朝前走吧
对着大海也对着永恒
因为我们都还年轻

刊于1986年岁末第13期
作者为中文系83级学生

赠E君

钟新革

我是一片叶
一片洒满微笑的绿叶
却被昨夜的星星过早地抛弃
我曾为你叹惜
担心你失去落满雨声的绿
你是一片云
一片飞满桃花雨的云
却被狂风无情地吹散
我曾为你惋惜
担心你撕碎雨后的那一角天空
但是
你的绿并没有失去
因为你又寻到了营养的根基
你的天空并没有撕碎
因为你寻到了你的太阳

刊于1987年3月9日第2期
作者为图书馆专业85级学生

致远方(外二首)

姜 伟

在一万种的选择中
选择了你
你是沉默的勿忘草
脸庞挂满串串的相思泪
听见了吗
远方的足音惊飞满树的鸟声

我是踏着坎坷的路走来的
很平常的日子也波动起来
为你带来辽阔的相知的风
你的绿裙子纷飞
你的黑头发纷飞
裸露着二十岁心的湖
等待我抛出的五彩石子

明媚的心走向你
那么,请接受我的爱情吧
美丽的雨季
萌发了无边无际的含泪骄傲

无 题

在互相介绍的时候
你省略了名字
你在一个深夜里被抢劫
你潇洒的笑
我却看见你在哭泣
秋天在身后
露出老人宽舒的微笑
在生活的皱纹里

有许多不该发生的故事
树正飘零落叶的浊泪
失血的手抚摸着
粗糙的岁月
莫非是你偶然
成为一无所有的流浪者

你的门

有人用多种手势敲响
你的门
声音都一样
你总是惊慌失措地询问
是不是春天
掀起的门帘
露出你一半的表情

有人讲着很长的故事
你听着听着

突然风一样哭着跑开
宽银幕的世界里
配音演员诉说着
失踪的消息

门锁住了你
别人进不来
你也出不去

刊于1987年3月9日第2期
作者为中文系83级学生

多情的雨

柳成淑

不要伞不要雨衣
只祈求多情的雨大些再大些
漫步细雨中一遍又一遍
咀嚼你给我留下的黄昏的诗
迷蒙雨雾里
两条单轨并排在一起很久很久
脸上挂着羞涩
可还是说出了口——
一个关于梦中伊甸园的故事
你笑着告诉我
流云距离险峰本来并不遥远

刊于1987年3月9日第2期
作者为中文系83级学生

赠诗二首

马继权

赠阿流

下雪了，星星落了
天空中点点的银光
引诱着
一颗沉睡的心

痴想着往昔海边
追逐太阳的时刻
不曾庄严也不曾失落的
自由自在的世界

另一颗心漫步的季节
南国的风是响亮的声音
青春的金黄的
笑脸陶醉的日子
夜晚有眨眼的星星
但没有雪

不同的思想在奔跑
相同的思想在融合
遥远世界里的
两颗火热的心哟

世界对于你我的诱惑
仿佛钟情的姑娘
寻找着
热烈而无私的胸襟

赠易水

你不曾留下你的意愿
我也不曾留下我的祝福
匆匆地在人生的经纬
两个蠕动的生命在挣扎

不会忘记的春风
诉说着一个遥远的故事
沙滩　海浪　细雨　黄昏
争吵　笑骂　红红的
闪在夜里的香烟头

想象着某一天
旭日东升的时刻爆炸出
你响亮的名字
在芦苇塘
南大荒的角落里
一个演说家对世界宣告

刊于 1987 年 3 月 23 日第 3 期
作者为中文系 82 级学生

没有曝光的底片

李宝贵

你的底片存放在
我的瞳孔里
虽然,我从未见过你的面

希望在梦中与你相会
可是,你从未走过
我的梦境
踏着月光
寻找一支彩色的画笔
试图在心幕上
画出属于你的世界——
鹅黄色的羊毛衫
开满鲜花的连衣裙
枫叶般的红风衣
可是,就是画不出你的眼睛

有一天
妈妈来信了
我拿着底片去"复印"

正等待着那个彩色的时刻

却送来了一片

无云的天空

刊于 1987 年 5 月 25 日第 5 期

作者为中文系 83 级学生

献给母校的抒情诗

姜　伟

美丽的冰凌花在窗上留下
冬天的脚印
那些日子已经拐弯走远了
二月会有多少故人回来了又回去呢

逝去的日子比诗更韵味更感情
你可记得一个少年
痴痴地和四个春夏秋冬
坐在桌边
畅饮遥远而亲切的今天

那些是法国还是中国的梧桐树
那些白丁香开满了春天的梦
那些漂亮的　平常的　烂漫的　宁静的
脸庞　熟悉又陌生
夏天的时候迎春花飘洒一地金黄
新楼房建好了旧房子修好了吗
心低低地吟唱着深切的怀念

在来去匆匆的日子里
我听着渐渐远去的七月的脚步声
几朵攀枝花开放遥远

散发着唐诗的幽香
体会了多少魂牵梦绕的境界
仍不知我的心为什么
这般
不平静

刊于1988年3月23日第2期
作者为中文系83级学生

炊 烟

栗 鸷

是灯光下妈妈手中的线，
是妈妈灰白的发卷，
飘向故乡的天。
是那古老纺车中抽去的白纱
罩着母亲的脸。
它系着游子临行前的留恋，
萦绕在熟悉的屋后堂前。
无论我走向哪里，
永远看得见那长长的思念。

刊于1988年5月27日第4期

作者为政治系87级学生

思 念

袁缙村

我的思念
像这海边的风
没有一天　没有一刻
不吹拂着我心间

听不见你奔腾的心绪
和呼唤我的声音
只有千万遍重复叮咛
一次次抚读着思念
又一次次陈旧了思念
当远山成了往事的时候
我们就把信心交给大海

刊于1988年10月28日第8期
作者为中文系88级学生

怀

鄢东石

不记得彼此是怎样的一个相识
又是怎样的一个开始了
当远山、大海、广袤的天宇
都成为往事回首的时候
我们只得默默地含泪挥手——
虽然不能算是你的过错
可我还是原谅了你
面对着这突然袭来的变故
我曾暗暗地苦闷过、徘徊过、甚至大放悲歌
但更多的，还是理智战胜了自己——
人不能只为感情而活着
在茫茫人海中千万不要失落你自己
因为一切都会重新开始

刊于 1988 年 11 月 23 日第 9 期
作者为中文系 88 级学生

摇篮之歌

王秋生

走出少年的梦乡
我们依偎在你身旁
辽师呵，我美丽的摇篮
大海是你的胸膛
群山是你的脊梁
白鸥起伏是你的呼吸
红帆鼓动是你的朝阳
啊——
马栏河潺潺流去叹息
梧桐树婷婷搏击风霜

走进青春的梦乡
我们徘徊在你心上
辽师呵，我可爱的摇篮
灵魂是我们的课堂
思索是我们的脸庞
蜡炬成灰是我们的誓言
春蚕到死是我们的乐章
啊——
太阳雨潇潇浇灌我们
七彩虹粼粼闪烁辉煌

走出人生的篱墙
我们播种你在四方
辽师呵,我依恋的摇篮
小径印着我们的目光
楼窗敞开我们的希望
岁月蹉跎你是港湾
赤子归来你是故乡
啊——
四季风飘洒桃李芬芳
母亲河永在血中流淌

刊于 1989 年 4 月 24 日第 2 期
作者为中文系 85 级学生

你好！辽师大

拉巴次仁

你好！辽师大
带着高原的质朴
带着父老的期望
　　——我们
一群格萨尔王的子孙
一群松赞干布的后裔
从世界的屋脊
　　——走来了

你好！辽师大
带着一路的风尘
带着知识的渴求
　　——我们
一群炎黄的子孙
一群龙的传人
从草原的怀抱
　　——走来了

请接受我们心中的
　哈达吧
　　——辽师大
因为在不长的两年里

为了母亲雪域的振兴
为了母亲西藏的富强
　　——我们
将在你温暖的怀抱里
享受知识的抚摸
享受爱的滋润

你好！辽师大

刊于1989年11月23日第8期
作者为西藏班89级学生

给母亲

施　莉

年关将至的时候
我寄出精致的贺卡
给老师、给同学、给朋友……
却唯独还没有给您——母亲
忘了吗？又怎能忘呢

每每重温那细语叮咛
心中便充满温馨
提起笔，蘸饱浓情
呼唤后，继以省略无尽
华丽的词藻变得苍白
美好的言语显得无力

呵，突然明白
女儿的成就才是您的希望
满天下桃李芬芳是您所向往
看吧，妈妈
那第一缕霞光中飞给您的
不正是一只蓝色的信封
　　　一枚鲜红的邮戳
　　　一份真正的报偿

刊于1990年12月20日第13期
作者为化学系89级学生

等待

张 霞

在四月的雨中等待。
雨，朦胧。
撑一支鹅黄的嫩柳，
飘进迷蒙的雨帘。
我的心丢了。
也许在远方跋涉，
走过重重坎坷；
也许在雨中徘徊，
流连四月的温馨。
追随心河流淌的叮咚声音，
痴痴地寻觅。
不稀罕行者的注目和路人的惊奇，
不在意攀着肩的爱侣从一柄伞下
　　投过来的疑惑。
带着满头露珠，
一身水雾前行。
告别小雨，
却走不出雨季。
在四月的雨中，
永久地等待。

刊于1992年4月17日第2期
作者为中文系90级学生

此刻和以后

张宝来

教授倾倒学识的琼浆
以白水作补偿
语言像雪花漫天飞舞
一部分落在笔记本上
遂为文字为一生的食粮
此刻　我和老师在种植语言
远方的父母在种植朴素的期望
教授端起茶杯又放回原地
就像毕业分配哪来哪去
此刻　老家的门正咧嘴向我笑
尽管我读的书没树高
写的诗比落叶薄

以后　我那很窝囊的腰包
将被一声声“老师”鼓足勇气
以后　我那短似粉笔的一生
一笔笔一截截支付给黑土地

有钱人捐给学校精装的封皮
我捐出一页页青春把内容填补
我的人生词典里
只有典故　没有考故

拂了还生执著
像一个不容更改的词组
站　是粉笔
坐　如讲桌
死了　也是一本教科书

刊于 1992 年 12 月 31 日第 10 期
作者为中文系 90 级学生

离校三部曲

牧　云

相传，一匹逃出天界的神马，被囚禁在一座山上。后来，神马挣脱锁链长啸而去。那座山便被称为马栏山；神马踏过的路便化为一条清亮的小河，这就是马栏河。

（一）神马的传说

四年前，是马栏山一声深情的呼唤
让我们挣脱少年的栅栏
四年前，是马栏河一份美丽的诱惑
让我们开始青春的执著
是踏出一路潇洒一路歌的神马哟
引我们走向这方圣土　写下
　　这支流荡回转的马栏之歌
这丰饶肥沃的土地
　　生长着太多太多的梦幻
这温馨静穆的校园
　　养育了太多太多的情感
这古老悠久的传说
　　融化了无数次憧憬与期待的焦灼
循着那神马踏过的河流
我们去追逐　青春不悔的传说

（二）永恒的花季

幕起幕落之间　有多少难忘的故事

深深的眸光中　是几多流连
数不完的日升日落
唱不完的歌谣小调
都化作一场缤纷的花雨
飘零时　牵动你我心头的记忆
曾经挥洒的汗水　滋润成功的嫩芽
曾经拥有的色彩　装点青春的花季
背负着装满眼泪与欢笑的行囊
走过冬夏走过潮汐
一千四百个深深浅浅的脚窝
　　重叠成沉甸甸的岁月
一千四百条曲曲折折的来路
　　交织成金灿灿的奇迹
鸟群掠过六月的天空
深情的翅羽上携着那份希望那份欣喜
看　在所有记忆的尽头
正萌动着一个永恒的花季

(三)夏日的归帆

初识的温馨　化作纪念册上的悄语
挥别的热泪　浸透这无言的祝福
当长长的四年光阴　浓缩在
　　蓦然回首的刹那
多少感慨啊　激起心海里碧波荡漾
当短短的大学时代　以今夕
　　作为最后的了结
多少留恋啊　成为一言难尽的感伤
朋友　让我以感激清风和明月的心情
　　感激你

老师　让我以感激土地和天空的心情
　　感激你
母校啊　一句知心的话儿也请您留藏
作为朝圣者
　　我们在您襟前茁壮地成长
作为摆渡人
　　我们将用勤奋铸造明天的辉煌
在您桃李春晖的事业里
　　我们如颗颗种子播撒四方
在您殷殷的祝福中
　　我们像叶叶彩舟扬帆远航
别了　晨读夜写朝歌夕舞的大学生活
载着几多收获几多向往阔步四方
逐桅的海鸥伴我们一路欢歌
点点归帆散作满海诗情
别了　迷人的海迷人的滨城
在岁月的潮声里　期待他年重逢

刊于1993年7月7日第4期
作者为中文系89级学生

今天，我二十岁

——给母亲

王大鹏

二十支蜡烛，
点亮了我二十岁的生命；
二十年冬夏，
写下了我成长的脚步。
从咿呀学语到蹒跚学走，
从嬉耍顽童到亭亭少女，
母亲，您在我的生命里。
今天，我二十岁，
在我的躯体里——
有母亲的血在流动，
有母亲的汗在挥洒，
有母亲的泪在浸透。
母亲的乳汁，
滋润着我娇嫩的肌肤；
母亲的白发，
换来了我如云的青丝。
当别人邀友举杯，
庆祝生日时，
我仅仅点燃了二十支蜡烛。
在摇曳的烛光里，
我寻觅您挺拔的身影，

我寻觅您轻盈的脚步，
我寻觅您年轻的面庞，
我寻觅……寻觅……
今天，我二十岁，
母亲，
我只想说——
谢谢您，给我生命！

刊于1993年9月10日第5期
作者为政治系91级学生

别

刘 颖

你走了
没有留下地址
只有
一双眼睛
在露珠里

你走了
没有向谁说起
只有
一串记忆
在夕阳里

你走了
没有带走亮丽
只有
一抹浓绿
在背影里

你走了
没有让我哭泣
只有
一种勇气

在生命里

青春的征程
从此有记忆
默默的思念
是勇敢与坚毅

岁月的风铃
在窗前摇曳
轻轻地敲响
那离别的美丽

刊于 1994 年 10 月 17 日第 7 期
作者为电教系 94 级学生

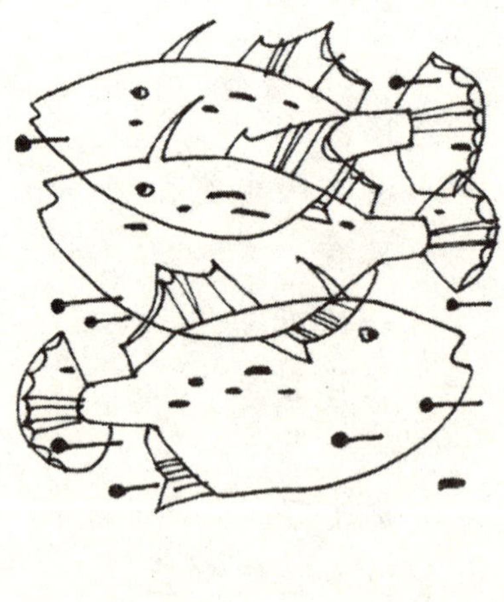

白色的慕念

原　虹

我曾经是多么地希望看见你
但是不可以
在那至爱如命的沙洲上
那不知疲倦播种的渴望
永不再来
在那情深浓重中编织的花
那倩姿在所谓的幸福里
永不盛开

我曾经是多么地希望看见你
但是不可以
那隐藏着辉煌的愿望中
因你而生的一切忧伤
永不分离
在那梦幻紧紧的包围中
那与日俱增的思念
碎裂成泥

刊于1994年11月25日第9期

作者为中文系教师

贺潘峰荣膺市青年科技十杰

魏泽生

自古英雄出少年，
才华睿智岂天然。
焚膏继晷寒窗苦，
废寝忘餐意志坚。
山起云生盘折道，
花明柳暗艳阳天。
只今异彩苞初放，
再越险峰景更妍。

刊于1995年6月12日第4期

作者为物理系教师

园丁赞

陈洪海

说　你

古铜色草帽的周围
有些年轻的颜色在开放
鸟群　已丰满了翅膀
在晨风中南下或北上

你弯下腰来
松土刈草施肥和除虫
于是　博士们和部长们
李白们和牛顿们　破土而出
和庄稼一起站成春天的形象

丰收的原野上
人们纷纷给你送来荣誉和麦粒
而你　已转过身去
含笑夕阳

教师的园林

教师的园林
是白天与黑夜分界的驿站
一边通向光明
一边通向黑暗

从教师的白发里走
黎明就守候在你的身旁

我是一颗羸弱的种子
自从被拾进你无私的园林
已成为一株挺拔的松
如今正在七彩的阳光下
茁壮成长

走进教师的园林
一切都让人深深地感动
天空即使没有雨意
泪水自己也会流淌

刊于1995年10月12日第7期
作者为地理系92级学生

我走后的校园，天空还那么蓝吗？

王贵波

火车上遇到了一位毕业5年的校友，我们谈起了辽师，他眼里闪着晶亮的光……

我走后的校园，天空还那么蓝吗
久别的你为什么不说话
陌生的世界难寻那片黄色迎春花
亲爱的你请告诉我故园的春和夏

我走后的校园，天空还那么蓝吗
等待的你为什么不说话
离开的日子　慌乱的相思涨满秋池
现在的我多想留在那里长也长不大

我走后的校园，天空还那么蓝吗
熟悉的你为什么不说话
梧桐树上缀满了我对书声的牵挂
阶梯黑板上还有没有我的粉笔画

我走后的校园，天空还那么蓝吗
远方的我等待你的回答……

刊于1996年5月30日第4期
作者为生物系93级学生

离别情

吴　琼

当我背起　塞满叮咛和希望的书包
当我踏上　二月的风织成的路
耳边传来了告别的轻柔细语
那是您在为我祈祷、祝福

隔着车窗
我仍能看到您的银丝在风中飘动
透过眼神
我仍能看到那依依不舍的亲情
望着您消失的背影
脸上早已形成两条弯弯的溪水
努力闭上眼睛
一件件难忘的故事
像清澈的山泉中五彩的鹅卵石
清晰可见,历历在目

母亲的爱
写在发丝,写在眼角,写在唇边
写在女儿的心间
带着希望,浪迹海角天涯

刊于 1998 年 3 月 18 日第 1 期
作者为信息管理系 97 级学生

献给老师(外一首)

一 鸣

孝心和敬仰奉献给双亲
体贴和温柔奉献给爱人
热情和真挚奉献给朋友
怜爱和心血奉献给孩子
我拿什么奉献给您——
我的老师

心灵的空白是您填写
多彩的人生是您捧给
理想和追求是您树立
信心和希望是您给予
高深和无私是您培育
意志和坚强是您塑造
勤奋和进取是您教诲
立志成才报效祖国
是学生对您最好的回报

永远站着

站着
以一种特殊的姿势站着
柔和的目光扫过
一片年轻的小树

历史沧桑　世界风云
从您的口中吐出
便成了阳光甘霖
滋养幼小的嫩苗

站着
一手高举真善美
一脚踏住假丑恶
以自己独特的方式
向纯真的青少年
塑造真正的人生造型

在三尺讲台上
您站了整整一生
即使有一天　老师
您突然倒下了
那片小树发出真情呼唤
您又会笔直地站起来
立在树林中间

老师　您不会倒下
您纯洁的灵魂
永远崇高地
站　着

刊于 1999 年 9 月 10 日第 9 期
作者为《辽宁师范大学报》编辑

四季物语

看惯了你物换星移的天象和夜空，
于是，深刻的理解浸透了我。
我踏着你裙裾的飘带走来，
年年那排花墙高过栅栏……

那些法国还是中国的梧桐树
那些白丁香开满了春天的梦
那些漂亮的　平常的
　　烂漫的　宁静的
脸庞　熟悉又陌生

校园的春天(散文诗)

丹 桔

枫叶、松枝,叩开了初冬的大门;瑞雪、银丝,报道着新春的来临。校园里,奔涌着青春的海洋;人心中,谁不是热浪翻腾!

看吧,数学的草算纸上,写满了"2000";物理的实验室里,建造着驶向"四化"的巨轮;政治和历史,砸碎了形而上学的枷锁;外语和中文,探索着语言、社会、艺术和人生……地理的绘图上,画不完祖国的山川和宝藏;化学与生物,正向那大自然的深处进军!在知识的泥土里,每一株小树都扎下深根;在科学的花坛上,每一朵鲜花都吐出芳馨。这是新春的校园啊,一夜春雨,滋润了多少颗不平静的心!今天,做园丁培育的桃李;明日,当培育桃李的园丁。我们刻苦、辛勤、乐观,为的是祖国的繁荣、飞跃、文明……

听啊,凯歌阵阵,战鼓咚咚,北京,又传来了大进军的号音!这是辞旧迎新的礼炮,响在迎新辞旧的时辰——春风一夜,梨花万朵,我们,跨进了八十年代的大门!

刊于1979年12月28日第8期

作者为政史系77级学生

校园的早晨

王一波

晨风拉开夜幕的帷幔，
朝霞飞出黎明的天窗。
校园的早晨流芳溢彩，
动人的图情胜似画廊！

书在眼前展开，
展开了智慧的海洋；
笔在本上驰行，
探寻着知识的宝藏！

一个单词、一个公式，
把它塞进记忆的库房；
一字字写，一句句读，
奋力登攀科学的山冈。

努力的汗水能变成
晶莹的珍珠，
把美好的青春嵌镶；
真理的种子在我们
心田播下，
和信念一起发芽，
成长……

晨风拉开夜幕的帷幔，
朝霞飞出黎明的天窗。
啊！这是祖国的早晨，
“四化”和理想一起
　　在这里展开了翅膀……

刊于 1980 年 3 月 25 日第 3 期
作者为中文系 78 级学生

呵，报廊

鸣　铎

绿草环绕的报廊哟，
你是校园里最迷人的地方……

看得见北国的林海，
闻得着南国的花香。
听得出渔家姐妹唱渔歌，
风波浪里撒开网……

钢城的铁水在这流，
煤都的乌金在这淌。
科学界，又有新秀攀高峰，
穷山沟，飞出了金凤凰……

三江四海五湖的水——
流到这，又从眼睛到心房。
亚非拉美风云聚——
作惊雷，常在人们耳边响。

有人说：报廊是只万花筒，
奇花异草，在这里争艳吐芬芳；
有人说：报廊是只望远镜，
大千世界，万物皆在眼底藏。

我说报廊是只小短笛，
她常奏乡音婉转诉衷肠——
布谷叫，她奏一支耕耘曲；
大雁唱，丰收歌伴着五谷香……

今天又去寻乡音，是什么——
把我眼睛留在报纸上？
——竟是妈妈的三寸照，
登上了“模范教师”的光荣榜！

呵，绿草环绕的报廊哟，
你的确是校园最迷人的地方……

刊于1980年9月4日第8期

作者为外语系78级学生

山坡上我栽下一棵小树

王惠祖

山坡上，我栽下一棵小树，
青春的梦也一起埋进泥土。
清澈的山泉是那样甘甜，
绿色的希望在根须上倾注。

那幼嫩的芽染着生命的颜色，
深褐的枝不正是我年轻的筋骨？
今天扎下的是生命的根须，
明天就是一片翡绿的瀑布。

山坡上，我栽下一棵小树，
理想的种子撒在绵绵的山麓。
每天我在明媚的早晨里醒来，
第一支歌就是唱给小树的祝福。

刊于1981年4月23日第2期
作者为政史系77级学生

天山牧场

何　元

清　晨

草地、鲜花、阳光，
溪水、松林、牛羊；
甜美芬芳，
牧民歌声飞扬。

傍　晚

篝火、炊烟、毡房，
棚圈、牧犬、马桩；
奶茶飘香，
冬不拉在弹唱。

大山深处

岩石、陡壁、山梁，
雪鸡、狍鹿、羚羊；
风吹林响，
雪莲花在开放。

刊于 1981 年 8 月 25 日第 6 期
作者为化学系新疆籍学生

灯 光

李 阳

是闪烁的繁星还是皎洁的月亮？
呵，那是你啊，校园的灯光！
一点、两点，一串、两串，
点缀得秋夜这样琳琅。
灯光中融着艰苦的努力，
灯光中牵出成功的希望。
灯光也浸透深深的回忆，
灯光更编织出斑斓的遐想。
是闪烁的繁星还是皎洁的月亮？
呵，那分明是我们青春的光芒！

刊于1981年9月14日第7期
作者为中文系78级学生

家乡，多么美好

马丽如

家乡哟，
多美好，
一幅淡彩的
　　素描……

一个蓓蕾，
一朵兆春的微笑；
一丝煦风，
一阵翩跹的
　　舞蹈；
一副童嗓，
一首赞颂的
　　歌谣……

家乡哟，
多美好，
一页笃情的
　　诗稿……

刊于1983年3月15日第2期
作者为政治系81级学生

校园(散文诗)

朱士如

像沸腾的火山,喷发出能量;像静静的湖水,沉淀着思想;像酣战的疆场,闪烁着火光,爆破着屏障;像呼啸的飞船,以时代的速度,飞翔在旷宇上……

校园是热烈喧响的,跃动着青春的肢体,冲动着青春的激情,闪亮着青春的双眸,回荡着青春的歌唱。

校园是深沉宁静的,轻摇的梧桐,似怕惊扰小伙子贪食知识的双眼;无声的花朵,伴着专心阅读的姑娘绽开笑靥。

校园是丰富的,它囊括了四季:思想的春芽在破土,追求的夏苗在速长,成绩的秋果在收获,沉思的冬日尽管漫长,但明年春天,会有更多的萌芽,更健壮地生长。

青春在这里聚汇,力量在一起流淌,理想的星群组成绚丽的未来景象……

刊于1983年11月19日第11期
作者为中文系81级学生

我们的校园

胡保国

黄昏。
你是马栏河粼粼的一盏灯，
遥衬着蓝天上微现的星辰。
多少绮丽的遐想，
逐着你的缕缕清风，
在空蒙的大气中回旋上升。

清晨。
你是匆匆忙忙漂泊的绿云，
朗朗的读书声，
惊散了情深意殷的翠鸟；
弧形的跑道上，
奔跑着走向新一天的人群。
朝霞射不穿苍茫氤氲，
只好给校园镶一圈瑰丽的年轮。

刊于1983年12月26日第13期
作者为中文系80级学生

家乡的路

马继权

曲曲弯弯，
落叶满面。
牛背上响着牧童的口哨，
拖拉机载着农人的笑脸。
急促的脚步，
在你胸上打着鼓点。
汗水的汇聚，
甘泉似的流向你的心田。
你伸向希望的田野，
带着希望往返。
啊！家乡的路，你伴着我甜蜜的睡眠。

刊于1983年12月26日第13期
作者为中文系82级学生

晨读

王　威

身影，拉开夏夜
　　蓝色的窗帘
足音，叩响黎明
　　辉煌的门扉
——这是朝阳般的青年
以朝阳般的眼睛
春天般的歌喉
倾吐一个新希望
探索一个新起点

花坛边点缀的，不是
　　三月里早开的丁香花
而是花一样的
　　少男少女
柳枝间飘拂的，不是
　　春风中燕子的呢喃
而是燕子一样，向往
　　光明温暖的信念

校园的晨是我的诗
晨光中的人是标点
校园的晨是希望的

运动场
阳光刷出了金色的
起跑线

刊于1984年6月1日第6期
作者为中文系81级学生

早晨的操场

李树兴

豆浆煮白了的晨雾
轻轻地抚摸着鲜嫩的
　　额头
操场，一部时代的唱片
跳跃着高低不等的音符
伴着朗朗的读书声
奏出时代与青春的
　　共鸣曲
鹅黄的路灯光
捧起一缕袅袅的余音
赠给梧桐树梢上的小鸟
还有一缕——
送给含笑的教学大楼

刊于1984年6月1日第6期
作者为中文系82级学生

甘甜，在流淌

晗 炜

甜甜的槐花香
在树丛中飘洒
在小径间流淌
路灯下
求学者书声朗朗
治学者步履轻轻
演奏着微妙的生活乐章
啊，知识的甘露
伴着香甜
缓缓涌入探索者的心房
甘甜，浓浓的甘甜，流向
街道、工厂，流向
农村、边疆……

刊于1984年6月1日第6期
作者为校机关干部

教室的窗口

王晓峰

教室的窗口，静静地
流出红绿万千——
一盆草绿，
一盆海蓝，
一盆秋色，
一盆春天。
教室的窗口啊
泄出了蜜香，
飘出了芬艳。
问老师：
曾洒多少阳光？
浇多少清泉？

刊于 1984 年 6 月 1 日第 6 期
作者为中文系 81 级学生

北方的冬天

战 凯

北方的冬天穿着鲜艳的滑雪衫
随着一群少男少女跑到你面前
给你风给你雪给你一张风雪中红红的脸

北方的树会变得苗条又俊俏
北方的山会显得粗犷而强悍
北方的声音会金属般震颤
北方的父亲骑着自行车辐条闪闪
　　车辙又深又宽
北方的母亲抱着婴儿在雪中步行
　　眼里闪着春天的烂漫

北方的冬天又登上滑冰鞋在漫步
不过，小心
他转眼就会飞到那条小巷和
那个穿绒裤点鞭炮的胖小子耐心地交谈

刊于 1985 年 3 月 18 日第 2 期
作者为中文系 81 级学生

校园短歌(散文诗)

张建华

铃　声

我喜欢聆听校园里那清脆悦耳的铃声。

年年岁岁,朝朝夕夕,它伴着我走进课堂,走进我的广阔的田野,去把真善美的幼芽植入学生们的心底。

哦,它像雄浑的旋律揉进我的心曲,它像进军的号角,催我在教书育人的大道上奋进。

这荡人心弦的铃声哟,似轰鸣的春雷,引来知识的细雨悄悄地洒进一块块干涸的心田,似布谷鸟的欢叫,呼唤着园丁们用智慧的犁铧在三尺讲坛上勤奋地耕耘;你是祖国母亲的亲切叮咛,多少青年吮吸着知识的乳汁茁壮成长……

校园的铃声啊,祖国的文明与崛起之歌永远响着你纯美的音符。

灯　光

星困了月乏了,大地安然地入睡了……

哦,校园还醒着,办公室的窗口亮着一盏盏不知疲倦的灯。

这是我们不知疲倦的老师呀,正在孜孜地把学生的作业改评。那一行行鲜红的字迹是你一滴滴热血凝成,那一本本整洁的作业就是你一个个闪光的里程。

闪耀的灯光知道,你爱学生,爱这个事业,用智慧之火燃亮学生心中理想的明灯。

闪耀的灯光知道，你的追求，你的憧憬，你对学生火一样的热情……

哦，在你的心里也有一盏不灭的灯。

此刻，我忽然也想变成一盏灯，融进你的思索，注入你的赤诚。永远伴随着你，去寻觅人生的真谛，去照亮理想的路程，去编织那繁星般众多的迷人心魂的童话，去用血与汗塑造一个个纯洁的心灵。

刊于1985年5月26日第4期

作者为政史系77级学生

四季素描(散文诗)

东　缨

春姑娘

春姑娘的脚步有多轻!

她与温柔的风儿相依,微微和风是她匀称的呼吸;她与透明的小溪相伴,汩汩溪流是她醒来的试嗓;她与稚嫩的绿芽相吻,片片芽苞是她生命的诗笺;她与纷飞的蜂蝶相欢,翩翩蜂蝶是她飘飞的发结……

她闪动亮晶晶的眸子走来,笑盈盈听我们读书,看我们跑赛,和我们唱歌,伴我们把株株青微微的树苗,绣入大地黑黝黝的怀里……

借着春风,春雨,春溪,春姑娘还不住嘴地向我们传递热诚和纯真的心音:趁着春光,快播下生命的种子!

夏妈妈

夏妈妈的心肠有多热!

她把春山春水搂过去,用炽热的红唇亲吻着,亲吻着——吻绿树叶,吻绿小草,吻绿广袤的原野,吻绿长天的彩虹,甚至吻绿了林中的空气,山间的风……她把心中爱的情丝,化作浓淡有致、纵横密集的绿色线条和嵌入绿线间缤纷香丽的花瓣——这何尝不是她令人心醉的绿地花衫呢! 有时,她唤雷公伴奏,弹起急促银亮的琵琶曲,牵落阵阵珍珠的垂帘,给绿色天地痛痛快快洗个澡……

放眼满目鲜绿,我常常遐想:夏妈妈何以有一颗灼热的心?

我想,只因她心中饱含着燃烧的爱。

秋伯伯

秋伯伯的画笔有多美！

一抹金，一抹银，一抹流霞，一抹彩锦——山山野野是金珠似的稻穗，红玛瑙般的苹果，火焰一样的高粱……瞧，就是作衬景的天，也画得瓦蓝瓦蓝的，显得又高远，又飘逸。

秋伯伯从哪儿寻来的如此云蒸霞蔚的色彩呢？又啥时悄不声涂成呢？

我看见，他捧着金色的画幅，成熟的画幅，甜甜地笑了。

从这无言的笑声里，我领悟了：这秋色是用心泉作彩，汗水调汁画成的呀，这是大自然赏给他勤朴儿女的偌大的五彩奖状。

冬公公

冬公公的目光多深邃！

他吹一口法气，化成了嗷嗷吼叫的老北风；撒一手银蝶，飞飘出万千片凉飕飕的大雪花。一夜间，大地白了，山洼白了，小河也白了。嘿，冬公公存心把我们锁在暖烘烘的屋里？不，他是在考验我们的意志哩！

走！小河是修长的舞台，任我们轻盈飞旋；山坡是银白的滑梯，任我们自由驰骋；雪花是温柔的朋友，任我们堆成雪人，搭成雪房，冻出银闪闪的雪灯笼……还有，雪地上一行行山鸡、野兔的踪迹，也成了我们寻觅的神奇的诗……

哦，银须银发银眉的冬公公给人多少启迪呀，最要紧的是：只有顽强，才有新生；只有穿过皑皑冰雪，才能迎来青青春色……

刊于1985年6月28日第6期

作者为中文系67届毕业生

故乡的印象

韩嘉栋

弯弯曲曲的乡路
是故乡古朴的诗行
瓦屋，溶没在绿色的海洋
一匹枣红驹儿
从潮湿的地平线上驰来
七月的骄阳在它短鬃上微微颤抖
一个少女
在黎明的晨曦中
散落白纱飘来的牡丹花香

刊于1985年9月25日第8期
作者为中文系82级学生

春　天

——给少男少女们

何子谦

我忽然发现
　　你长大了
挺起春天宽阔的
　　还嫌单薄的胸膛
为你的女友
　　遮挡着风沙

不安和骚动
　　同《小螺号》一起
弄响了下课铃
于是你的长发
沿着野百合的温馨飘逸
把滑雪服
裁成火红的三角帆
挂上冬天的小雪橇
在汩汩的爱河里漂流
船尾
拴住一串杜鹃的轻啾

让白皙的手，粗壮的臂
伴着成吉思汗的马蹄

在六根弦上
　　缓缓地碾过

为了长睫毛上
　　映出的彩虹
你们眯起了闪亮的眸子
但却敞开了心胸
迎接着七月的海风

刊于1986年6月16日第5期
作者为中文系83级学生

十月的乡村

侯　鹏

这里有早春孕育的喜悦
这里有仲夏焦灼的渴望
这里有仲秋捧出的果实
这里有深冬埋下的幸福

这里不再是贫瘠
饱尝了吮吸甘露的满足
这里不再有痛苦
摒开了寒霜早降的虚无

这里有宽广坦荡的胸怀
对着太空袒露胸脯
这里有对未来的追求
和尝到甜头的欢欣鼓舞

清晨
街道上有条不紊地奔流着
车的队伍,人的队伍
车轮转着希望的光环
脚步踩着时代的节奏
太阳
正从祖国的瞳仁里升起

照耀着
开拓着扎扎实实的脚步
和曲折延伸的道路……

刊于1987年3月9日第2期
作者为地理系86级学生

写在春天的诗笺上(三章)

董光伟

春 韵

山是沉默了一个冬天的琴,春姑娘的纤手抚摸出满眼绿色的曲子。让双脚轻快地踏上,五线谱般的山岩,举我轻飘飘地在行。躬身去向大地寻觅青的小草,白的苞芽……眼睛拾起的尽是跌落的音符,我又想起那首忘却的山歌。敞开领口,让和暖的风尽情地吹进,闭起双眸,思维里生长一片绿色的森林……

春 雨

似对对纤足,踩着轻柔的步伐走来,织起绿色的梦呓。柠檬色的天幕,垂下双双小手,轻描淡抹。春风滚绿的草坪,是绝好的调色板。绣桃花如笑,写柳雾如烟。枝头,挂满大滴大滴的晶莹,闪亮;柳丝,披发般掩住粉嫩的微笑;紫藤,复苏地扭动,诉说着冬天里的童话……瞳仁和瞳仁一齐举望了天色,一把花伞陡然掀开了密的雨帘。……无须记忆的尽管忘却,云翳又衔出一枚太阳,火红。

春 夜

流星,信号弹般擦亮无边的温柔。夜凝固春蕾的芬芳,流淌成一条多情的河。深沉的呼吸,鼓着激动的气浪,空气依偎着悄语品尝甘甜。月牙儿,小船划过天空的弧线。任一双手指作梳,发丝抽生出美丽的幻想,一个个羞涩的秘密被晚风偷偷地收藏。路灯,情人的眼睛,注意似悠闲的散步,拾着一片片橘红色的恋爱。

刊于1987年5月25日第5期
作者为政治系84级学生

菊思

矫红本

踩着夕阳踩着落叶踩着破碎的枯黄
伴着惆怅伴着惋惜伴着沉重的思量
深秋，九月菊孤独的重阳
花的世界不再有诗人
高昂的吟唱

属于长者属于晚年属于最后的向往
只有哀伤只有怀旧只有带霜的悲壮
凋零，自然界难抵的力量
雪的梦乡不再有初恋
热情的奔放

不如丁香不如杜鹃不如笑春的海棠
尽管傲霜尽管凌寒尽管弥留的顽强
终于，盛花期迟到的彷徨
力的赛场不再有生命
合拍的音响

趁着少壮趁着年轻趁着血气的方刚
留下芬芳留下硕果留下长久的阴凉

青年，人生篇激昂的乐章
菊的启示不再有秋风
恼人的悲伤

刊于1987年11月12日第9期
作者为政史系79级学生

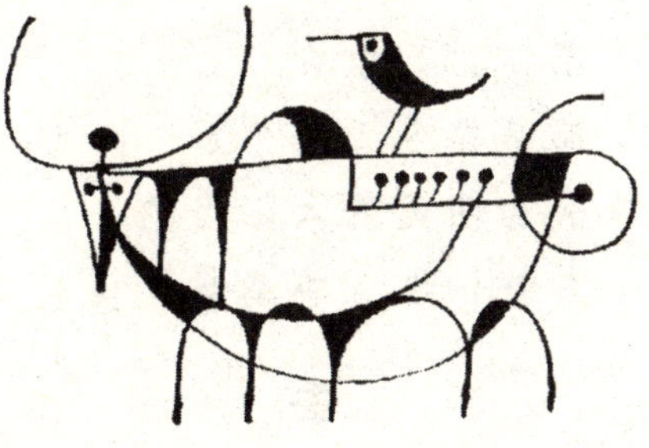

咏物诗三首

刘汉宏

枫　叶

宣称自己是松柏的朋友
当秋霜袭来的时候
谎言不攻自破
枫叶羞成了红色

夜来香

不在白天炫耀
而是在今天的落日
成为明天的太阳之前
默默地把芳香奉献

蚕

把幸福寓于痛苦中
用情丝把自己裹缚

刊于1988年10月23日第9期
作者为政治系86级学生

乡 情

姜 伟

学龄前
乡情是湖边
伙伴们赤身裸体
抹黑泥晒太阳的形象

小学时
乡情是一篇
描写门前小溪
错别字很多的散文诗

初中时
乡情是一辆
爷爷留给爸爸
爸爸又送给我的
很旧很旧的脚踏车

高中时
乡情是一双双
父母兄妹仰视峰峦
希望的眼睛

大学时
乡情是一片
闲暇时响在心里
稻田中娓娓唱晚的蛙鸣

毕业时
乡情是一片
山伢子送给我的
浓绿浓绿的精致教棒

刊于1989年4月24日第2期
作者为政治系85级学生

别

刘 洁

走进童年的园子
那是个美丽的园子
一棵斜倚灰墙的老杨
红杨花无声地
敲在我的肩膀
心里荡起了
儿时散红串的欢畅

悄悄地仰起头
用朦胧的眸子
望着叶子
沐着透下的点点阳光
却有一滴无缘的泪
涌出润润的眼眶

红串串无奈
躺在老杨的身旁
快活的颜色
留在了树上
不再是散杨花的年龄了
却好似该是
无动于衷地任它们无常

可是灰墙外
男孩女孩
云般飘来歌唱
散了红串串的杨花
让那红色与笑声
在我儿时的园子里
回荡，回荡……

刊于1989年10月28日第7期
作者为中文系89级学生

新年之前

——有关明信片的话题

安　娜

新年之前
是多情明星被拍卖的日子
是青山秀水寄情的日子
是俏皮动物被当作开心果的日子
是她们涨破邮筒肚皮的日子
是她们旅游的日子

新年之前
是爱的日子,是情的日子
是低语的日子,是呼唤的日子
是熟悉又陌生的日子
是隔了很远又亲密的日子
新年之前
尽管有雪
却是夏的日子

刊于 1989 年 12 月 20 日第 9 期
作者为化学系 88 级学生

乡情

张运波

曾经走过风雨的四季
却走不过那漫漫的归途
曾遗忘过许多辉煌的日子
却忘不了那一片乐土那一声祝福

故乡哟
想把你藏进双眸
怕我如潮的泪水淹没了你
想把你装在心里
又怕我炽热的情感会熔化了你
只有无奈地凝望
凝望夕阳
将别情涂满那条旧路

刊于1990年12月20日第13期
作者为中文系88级学生

春之校园（外两首）

傅海峰

轻盈地
伸展一下你婀娜的腰肢
舞动你的裙幅
我便知道
又到了红杏出墙的时节

只要，你的信念还在

不管别人说你什么
不要想你做错了什么
只要
你的心里还存着信念
就别怕明天会有暴风雨
坚信
冬天的背后
总是春天

一种心情

有风吹过
渴望
却站成一面滴血的高墙

梦里徘徊
寻找断裂时的悲号
久久企盼
愚出大智

刊于 1991 年 6 月 15 日第 3 期
作者为中文系 88 级学生

雪恋

邹素妍

当雪花漫天飞舞的时候，我喜欢一个人走一走。天苍茫茫的，雪优柔洁白，我的思绪安然而平静。听着自己脚下发出的咯吱声，被雪花簇拥着，亲吻着。那调皮的雪花惹得你心里一阵骚动，忍不住想去抓住它。

如果你有闲暇的兴致，不妨在无人经过的一片雪地上走上充满感觉的几步，回头时会看到雪地上的脚印，那么清晰而凝重。

去年的雪花和今年的雪花是一样的吗？都那么滋润情感。或燃烧得像团火，激起你所有的热情，或缠绵或奔放得像理查德·克莱德曼的钢琴曲，或热情得如不顾一切的渴盼使你憧憬着未来，仿佛就要拥有整个世界，那一切的一切仿佛即将开始……

那么这晶莹洁白的雪花呢？飞舞在心头的调皮的小精灵不正犹如心灵的惬意吗？此时，这天地的一片洁白属于我了。

刊于1992年3月10日第1期

作者为历史系90级学生

冬季之后

何长江

寒冬之夜
吸几支烟的确高明
这红红的火炉
童话般眨着调皮的眼
让人去陶醉
忘掉寂寞和忧伤
这样
不知不觉就走出了冬季
踩着烟灰总像在踏一片初雪
新鲜而圣洁

无须再装出一种表情
这个年龄的梦
不会镌刻在脸上
那些深深浅浅的纹理
不过是些小传奇
正如虚掩着的门
别人很容易走进来
聆听一段警醒
或者风雪的叹息

而他们

无法领略真实的冬天

刊于1992年4月17日第2期

作者为中文系88级学生

晚风的思绪(散文诗)

王秋生

人生的路上能有多少个春天或者像春天一样温馨的回忆呢?窗外,晚风渐起,星星们在天空中无言地闪烁……在我打开的诗集里,到处都是我所熟悉的眼睛,那些已逝的岁月与我只隔着一道青春之门。

梧桐树又该泛绿了,迎春花也该开放成一簇簇金黄,那总是如期吐蕊的桃花啊,是否依然掩映着飘溢暗香的脸庞?此刻,我的身影多想再一次穿越那令人沉醉的街景,在肖邦的《小夜曲》中往返流连拾携丁香花飘逸幽婉的歌声!美好的时光留下的遗憾,泪光和微笑都是我最真诚的表达。

踱入回忆的走廊,纷呈的灯光又溢出我眼眸的湖畔,而故人们都已踏进各自的河流去迎接命运起伏的波浪,身后,是永远回不去了的《春江花月夜》啊!

日子是可以从日历上撕去的,而生活却和生命浇铸在一起成为沉积的煤层;青春是可以走下我们的脸颊的,可留在岁月这张底片上的,一切都永不会褪色!

人心在海上,总会有如影的暖风吹过,潮水一样涌来的那一片褶皱的记忆呀,我将怎样才能将它们熨平呢?

刊于1992年5月13日第3期

作者为中文系85级学生

无影无迹

孙　悦

枕下
散落无数叮咚的梦
童年的小屋挂满浅紫的风铃
夕照的村庄撑开一山烟霭

是思念时的记忆
孤单时的笑靥
每晚
与星盏一同映亮我的心海

清晨
露水打透惺忪的小窗
翻过枕去
却见一切无影无迹

刊于1992年6月26日第4期
作者为中文系91级学生

六月絮语

张　霞

多情的季节
畅想张开翅膀
带着浓浓的醉意
在啁啾的鸟鸣声中痴狂
我把青春的战栗
寄给温柔的季节风
六月的向往
在梦中的伊甸园
曲曲低吟
飘飞的思绪
绽成满树槐香
朦胧一片淡色的记忆痕
如雨的情感
蔓延成清丽的诗行
缓缓流淌

刊于1992年6月26日第4期
作者为中文系90级学生

五月槐香

牧　云

五月的清晨，浓浓的槐香在淡淡的清风里荡漾。

从后院那座绿意葱茏的小山上，走下一对老年夫妇。男的戴着眼镜，敞着淡灰的夹克衫走在前面，女的矮矮胖胖，穿着深蓝的运动服走在后面。两人若即若离，迈着悠悠闲闲的步子，手里各掐着一把槐花。

鲜活的阳光开始普照大地。偶尔的交语、偶尔的微笑，在人影匆匆里显得那样温馨恬淡。那两枝槐花，随着和缓的步子悠来荡去，串串盈白的花，似串串盈白的笑。在老人的手里，它们是清新的、鲜明的。

是拿回家逗他们可爱的小孙子吗？是装饰那年年岁岁一床书的居室？还是为了纪念一个只属于他们的遥远的故事？

呵，曾经有过怎样的罗曼史，曾经携手走过多少沧桑岁月，曾经在生命的颦颦笑笑里寄托过怎样的情思……

一枝槐花，能够装饰他们的晚景吗？

一枝槐花，能够安慰两颗晚景里的心吗？

就那样一前一后地走，没有奢望，没有苛求。在几十年谱就的或哀婉或雄壮的生命乐章上，这一段属于默契的尾声，宁和，悠长。

就这样悠悠闲闲地走，掐着一把槐花，掐着一把往事。

五月的早晨，浓浓的槐香在淡淡的清风里荡漾。

刊于1992年6月26日第4期

作者为中文系89级学生

五月的情思

张 阳

等山冈吐出黑夜，
鸟群返回树林，
五月，请用你温暖的手掌
覆盖我单纯的心事，和
五百里外的那个村庄

日落而息的村庄，拥大地而眠
今夜，遥远的思念行于垄上
乍青的麦子形容尚小
可会记得当初离家的少年

古老的习惯依然没有改变
早睡早起，挑水种田
踩水的风吹落满河星光
村前的篱笆长满朴素的民谚

而谁在五月的雨水过后
用一支家传的唢呐歌唱月亮
月光下，膜拜土地和粮食的人们
枕着相同的梦想：
无边无际的麦子漫过荒凉

城市里的麦田守望者啊
这是等待九月的五月，等待
深入泥土复返天空的五月
向着阳光，高举手中金色的麦粒
是季节最初与最后的愿望

这个五月的深夜
我在一张纸上抵达故乡
握紧自己苦苦种出的文字
同一种感受让我热泪盈眶

刊于1996年5月30日第4期
作者为中文系92级学生

剪影乡情

田丽维

黄胶鞋
落地有声
踩一脚踏实
一如黄土地上朴实的生命

两裤管泥巴
长出收获
经年的汗水
结晶成红黑色的凝重

傍晚
赶着羊群和月亮
一起回家
老窝瓜架下的旱烟袋
吸着
吸着四面来风

刊于1996年11月20日第11期
作者为中文系94级学生

故乡·童年

孙宝奎

一片湛蓝如洗的天
一条明澈如镜的河
一围奔涌跳跃的山
一簇泥墙草顶的屋
构成童年的背景
和故乡的轮廓

关于这片天
我曾有爬上云朵的遐想
关于这条河
我曾作泥鳅般的戏耍
关于这围山
我曾教它们激越高昂的牧歌
关于这草屋
我记不清那无数次的停泊

也有捕鱼捉鸟的细节
拣蘑菇采山菜
是大山恩赐的娱乐
轻快的冰车
曾伴我追逐凛冽的寒风
黏泥造的枪炮

助我屡败“鬼子兵”疯狂的炮火
……

对于故乡的记忆很多很多
生活的五味
在这里单一成甜蜜的颜色
故乡与童年连接起来
就是一坛陈年老酒
任岁月流长
野草般疯长醇香的味觉

刊于1998年6月12日第4期
作者为地理系96级学生

岁寒三友

滕　瑜

松

挺起倔强的脊梁
保持一身正直
狂风，寒流，大雪
轮番向你进攻
你坚守心灵防线
抵御邪恶
抵御风寒
终于，大雪被你的正义
挥劈成雨
沐浴成春

竹

一节节
生长着正直
长一节就作一次总结
因此，在你的生命中
总是虚心聆听
风的教诲
雨的洗涤
当你成熟时
人们剖开你的胸膛

发现你——
一身正气

梅

越是寒冷
你越是开得美丽
令所有温室的花朵
偷偷窥视
任凭风暴的袭击
任凭寒风的冷言冷语
依然传递
红色火炬
当春天的山岗被你点燃
你才微笑着隐去

刊于 2000 年 11 月 22 日第 10 期
作者为政法系 2000 级学生

喜欢春天

张增娇

喜欢春天，
缘于春天带给人的坦然，
一切都是未开垦的处女地，
我们有足够的资本和时间。

喜欢春天，
缘于春天带给人的温暖，
当我们换下厚装重整行囊，
轻松上阵就不再惧怕任何挑战。

喜欢春天，
缘于春天带给人的信念，
站在相同的起跑线，
只要坚持就一定不会被落得太远。

喜欢春天，
缘于春天带给人的情感，
当枯黄被嫩绿改换，
当绝望被希望驱赶，
我们如何能够做到，
不去喜欢！

刊于2002年4月8日第2期
作者为中文系2000级学生

花开的声音

常可娃

花开的声音是轻轻的，柔柔的声音
轻轻的，柔柔的，几乎让你听不出声音
花开的声音是朦胧的，模糊的声音
朦胧的，模糊的，几乎让你听不出声音
在花开的声音里你会听到咝咝的声音
在花开的瞬间里你会看到弱小的花瓣对
强大空气的微微地征服
当你静静地，悄悄地去聆听
花开的声音时
你会发现花开的声音是如此的美丽
这正如我们美丽的世界
美丽的人生

刊于2003年4月22日第4期
作者为海华学院2002级学生

诗与春天有关

梅胜民

我翻开日记本
想在往事中歇一歇
可身后的节拍
你绝然滑向岁月深处的铿锵
颤抖着我忘却的神经
我打开相册
欲酝酿一壶生活的沉淀
哪知三月的风筝
正扣响你铮铮的门环
破坏我遥想的静谧
也许春燕的利尾
早已剪掉了这个季节的闲适
仄仄的墙角
一株小草
正在我们心中筑巢

刊于2004年3月17日第1期
作者为历史文化旅游学院2000级学生

砺志畅怀

你是佛祖额上的天眼
还是他掌中的痴烦
山水沉落　风月尽散
你却跋涉千里
追来明晨的曙光

田野上的颂歌

沈正之

打槐叶

打下槐树叶，
用来作猪食。
活儿挺轻松，
农庄孩童也能干。
俺队长照顾俺，
分配咱把这活干。
抱着槐树枝，
不由眉一攒，
槐刺不长眼，
直往手上钻。
脱下手套看一看，
娇嫩的手上扎了眼。
咬牙把刺拔，
痛也不敢喊。
就怕同志知，
显得俺娇惯。
打下槐树叶，
还得拣一拣，
北风刮了来，
不由身上寒。
手冷指发僵，

脚麻腰也酸。
拼命干一天，
只够猪仔食半餐。
轻松活，
不简单，
事非经过不知难。
过去只怨猪肉少，
今朝方知养猪难。

担水

担井水不太难，
井台离家半里远，
担水爬山坡，
只算小锻炼。
担罢水衣也湿，
凉水洗脚心里热。
捡得柴草来，
好把茶来煎。
自来水虽方便，
用来却比井水寒。
煮得茶来喝，
怎及井水甜。

写于1958年1月友谊农庄

刊于1958年1月16日第3期

我的志愿理想

莹　石

巨浪拍打着海岸，
爽朗的海风掠过石旁。
我站在海岸上，
望着滚滚的大海遐想——
生活是如此地丰富多彩，
昨天，我还劳动在大陆上，
但今天，我已经站在这藏有铁矿的宝岛上。
这是党的号召，
这是人民的希望，
这也是我个人的志愿
和理想。
因为，我将得到最好的锻炼，
因为，我也能为钢铁贡献力量。
我的心情该是多么舒畅，
面对着这辽阔的大海轻声歌唱。
虽然，艰苦的生活将要来临，
虽然，困难即将摆在面前，
但，为了钢铁，
我要迎接一切考验。
想到这里，

我的心又是那样的激动，
望着彼岸的山丘、田庄……
我仿佛看到了共产主义的乐园。

刊于1958年12月13日第37期
作者为数专二·二学生

采矿

胡振雕

为了一〇七〇万吨钢，
我们登山去采矿。
石粉磨碎了鞋底，
扁担压破了肩膀。
谁管它山陡路险，
谁管它劳累气长。
挖出矿来就是宝，
炼出钢来就是力量。
寒风吹痛了脸蛋，
铁锤震肿了手掌。
只砸得矿石粉碎，
只震得山动地也晃。
风在给铁锤伴奏，
铁锤在为胜利歌唱。
我们年轻的采矿队，
苦战在藏宝的高山上。
我们的汗水汇成了江河，
我们的铁水汇成了海洋。

刊于1958年12月13日第37期

发令吧，亲爱的党

张海波

十几年的学生生活，
使我懂得了很多东西。
党的殷切教导，
使我永远不能忘记。
现在，
我就要毕业了，
美好的生活在向我招手，
祖国的教育事业在等待着我。
我即将离开母校，
踏上新的生活里程。
亲爱的党，
我向您宣誓：
祖国的需要就是我的第一志愿，
到艰苦的地方去工作，
就是我的理想。
我觉得：
祖国到处都春光明媚，
跃进之花遍地芬芳。
我愿意奔赴海防前沿，
或是走向戈壁滩上；
我愿意踏上兴安岭，
或是走向遥远的新疆、青海和西藏。

发令吧,亲爱的党!
只要您呼唤一声,
我就按着您指出的方向
展翅飞翔。

刊于1960年7月1日第14期
作者为数学系602班学生

茶话会感言

宋　民

遥岑远目愧无言，
自古英雄众少年。
聚宴相欢情倍起，
离席独叹岁虚添。
但争竣业血仍暖，
再庆成功酒未寒。
莫道雄狮堪永睡，
神州千里共婵娟。

刊于 1980 年 1 月 15 日第 1 期
作者为中文系 77 级学生

讲台抒情

张如芳

雄鹰依恋辽阔的蓝天，
海燕热爱无际的大海，
三尺讲台啊，
你是我终生之所爱。

从红领巾佩戴在肩，
到大学校徽别在胸前，
我恭敬地坐在你前面，
像孩子依偎母亲身边。
你送出亲切的话语，
化为甘露，
滋润我的心田；
你撒下银白的笔粉，
变成乳汁，流进我的血管……

啊，讲台，
力量的源泉自你这流淌，
知识的宝库在你这敞开。
你迎接一双双求知的眼睛，
送出一批批良将英才……

啊,讲台,
党送我坐在你前面十几年,
人民引我站在你面前已十三载。
虽说你不高也不宽,
却承受着万钧重担;
虽说你占着有限的土地,
却年年捧出桃李万千……

啊,讲台,
我生命的马达在你这起动;
我全部的汗水心血,
点点滴滴流洒在这里;
我整个的青春生命,
岁岁月月在这里燃烧不息……

雄鹰依恋辽阔的蓝天,
海燕热爱无际的大海;
三尺讲台啊,
你是我终生之所爱。

刊于1980年3月5日第2期

作者为中文系教师

一分钟的歌

——献给青年朋友

巩其庄

历史的长河哟，
波涛汹涌……
时间的激流呵，
浪花翻腾……
在这火红的世纪里，
在这跃进的年代中，
该怎样度过，
怎样度过呵，
人生道路上的每一分。

或许有人会说：
一分钟
时间大海里的一滴水，
——多么渺小；
阳光飞瀑中的一瞬间，
——无足轻重。
或许有人认为：
青春若梦，
来日方长，
要把每一分钟
都倾进酒盅……

革命的青年啊，
新长征的尖兵，
我们怎能用六弦琴，
弹走宝贵的年华，
怎能叫岁月的风雨，
刷落青春的花红！
看今朝，
神州九亿争飞跃，
征途万里马蹄轻！
形势在逼我们回答，
任务在逼我们回答，
时间在逼我们回答呵——
什么是一分钟
最大的价值、
真正的生命；
怎样度过这一分钟，
才能祭主席于九泉，
慰总理之英灵！

呵！让我们回答吧！
酗酒迷歌的
——是废物！
望难兴叹的
——是懒虫！
终日谈情说爱的
——是浪费生命！
让我们
驾驶每一分钟的快艇，
　　去游览知识的海洋；

开足每一分钟的飞船，
　　去探索智慧的苍穹！

让我们回答吧！
我们要把每一分钟，
都鼓在劲里；
我们要把每一分钟，
都浸在汗中；
我们要把每一分钟呵，
都作为一个向上的阶梯，
沿着科学的峭壁
攀登！攀登！
我们要把每一分钟呵，
都当成催征的战鼓，
向着光辉的目标
冲锋！冲锋！
我们要把生命的每一分钟呵
都无私地献给
与朝阳同升的二〇〇〇……

刊于1980年5月17日第5期
作者为中文系78级学生

旅顺咏怀

田久川

万忠墓

松护万忠墓，
云塞白玉山。
伤心甲午史，
泪雨落碑前。

东鸡冠山

两虎争“肥肉”，
血污金鸡冠。
残垒藏阴魂，
断碑书死獾。

老虎尾

龙头击恶熊，
虎尾扫狂鲸。
而今花开处，
当年尽弹坑。

博物馆

光华照满楼，
祖先真可夸。
后辈又长征，
锦上更添花！

一九八〇年夏于旅顺

刊于1980年9月4日第8期
作者为历史系教师

跋涉

——献给萧红的诗

陆文采

你为了试探人生的海，
在跋涉中寻求光明和希望，
踏着落叶而思想着远方，
灵魂的呼喊竟换来了累累创伤。

送着你的是海上的波浪，
迎着你的是异乡的风霜；
我为你坎坷的身世而哀伤，
更为你常喝爱情的苦酒而惆怅。

我常站在蓝色的海洋上，
在碧波荡漾中寻觅你忧愤的目光，
这不是用以凭吊你的亡魂，
而是去倾听你没有朗诵完的诗章。

青春和生命在跋涉中悄悄消亡，
艺术的花朵却获得了雨露阳光；
迎着伟大祖国寒带的雪野冰霜，
在苦难岁月里发出浓郁的芳香。

刊于 1980 年 12 月 25 日第 13 期

作者为中文系教师

赠日本朋友

田久川

日本第九次JC青年之船“东海”号访华团到大连，余与全国青联、市青联及市政府负责同志登轮同日本朋友座谈联欢，口占八句以赠友人。

昔日频来遣唐船，
而今又见“东海丸”。
朝衡名满长安城，①
鉴真香透富士山。
盂兰盆舞波澒洞，②
友谊赞歌薄云天。
劝君更进一杯酒，
归去永忆在大连。

刊于1982年9月13日第8期
作者为历史系教师

① 朝衡，又作晁衡，即阿倍仲麻吕。

② 盂兰盆舞，据日本朋友解释为庆祝农事的舞蹈，非佛教舞蹈也。

青春啊……

东　缨

这时——

生命的轻舟，是最富丽的；

思维的翎翼，是极强劲的；

热血的赤流，是正滚沸的；

智慧的火花，是刚迸发的……

这是比黄金贵重比钻石璀璨的时代，比青竹翠郁比山花香芬的时代，比清泉晶莹比春潮迅疾的时代——呵，青春！

似流星般的短暂无为吗？不，青春可以释巨大能量。似晨霞般晶莹美丽吗？不，青春因人而具不同的色姿——

她像朝阳，能光芒四射，又能雾掩无光；

她像新松，能高吻青天，又能虬枝旁逸；

她像峰峦，能葱绿一山，又能秃石满岭；

她像溪流，能径奔江海，又能逝于辙窝；

她像帆桅，能剪开蓝色的波涛，又能跻身污沫汇聚的海湾；

她像刚开垦的处女地，能绽开娉婷的花，又能生出枯黄的草……

在青春的十字路口，最明智的选择源于对真理不倦的追求；

在青春的登攀中，最强劲的力量源于对知识不停的索取；

在青春的天秤上，最金贵的价值源于对事业不息的拼搏；

在青春的跑道上，最深厚的伟力源于对祖国一颗水晶般的心——

多少英模，多少志士，多少赤子用炽诚的心血，闪光的生命，谱出一曲曲响遏行云的《青春之歌》！

他们的《青春之歌》，是没有休止符的歌。

希望的火炬是一个个燃烧的音符。

信念的基石是一级级登攀的音阶。

勇进的狂飙是贯穿始终的主旋律。

理想的足音是深沉铿锵的乐章……

这是无比激昂而豪迈的歌，这是与亿万根心弦共振的歌，这是将在历史回音壁上永恒激荡的歌——真正的青春之歌！

年轻的朋友，你喜欢听怎样一支青春之歌？此刻，你正在（或将要）给母亲唱怎样的一支歌呢？

刊于1982年11月15日第10期

作者为中文系67届毕业生

浪花的信念(散文诗)

晨　鸣

在大海的家族里,我实在是平平常常。我多羡慕海鸥的翅膀,又多么敬佩远帆的志向啊,可是,我也有自己朴质而晶莹的理想……

我也曾做过彩色的梦,想借助雨后阳光,化一道绚丽的彩虹,架起通向蓝天的桥梁……梦,总归是梦。可是,没有梦的生活又是多么凄楚、荒凉?我不会在温柔的春风中轻薄地炫耀自己;也不会在飒飒秋风里过早地枯萎、衰亡;即使在冬夜骤然凝固了,我还有水晶般坚实而透明的信念和憧憬……

因为我坚信,在生命的进程里,希望是在远方召唤的灯塔,信念是不断前进的螺桨……

甚至还坚信,在海——这座永恒的花园里,永远不会被风暴所损伤。

所以,我带着深情的爱恋在这蔚蓝的土地上盛开,用真诚的祝福为归来者欢歌、为远征者护航。阳光下,我投着粼粼的微笑;风暴中,我开得更加壮丽、豪放……

借着海风,我要向蓝天宣告,纵是给我整个世界,我也决不会离开这神圣的土壤。因为,我生命的根,深深地扎在大海的心上……

刊于 1983 年 1 月 25 日第 1 期

作者为政史系 79 级学生

生 活

李富君

花前月下，聚散别离。
即或是别离吧，也不要
有太多的伤感，
默默无语给人的记忆更牢。
当我步入人生的征途时，
我想起童年时的欢笑，
在泛着涟漪的小河里嬉闹。
妈妈给我一条小船，
船上有耀眼的金锚。
于是，我登上这一叶扁舟，
向着远远的天涯飞翔。
直到将最后一缕思想
搁浅在沙滩，荒郊。
我懂得了生活需要耕耘，
生活需要人们去创造。

刊于1984年7月2日第8期
作者为中文系80级学生

你，在想些什么？

——真挚的直白

戴　翼

日历轻轻翻到最后一页，
正值旧岁向我们挥手告别。
亲爱的同学啊，可否告诉我：
　　你，——在想些什么？

你是满怀激情歌颂伟大的党，
英明的政策催开了心花万朵；
还是衷心赞美亲爱的祖国，
到处澎湃着改革的热浪激波；

你是在欢乐的夜晚，
思念远方边卡，风雪哨所；
还是咀嚼着生活的幸福，
感激创造财富的普通劳动者；

你也许欣慰地回顾一年的步履，
光荣地走入了三好行列；
你呀，也许低下头来轻轻叹息，
懊恼自己年方弱冠便留下了遗憾和过错；

啊，日历又轻轻地掀开了崭新的一页，

新年正向我们走来——捧着希望和欢乐。
亲爱的同学啊，可否告诉我：
　　你，——在想些什么？

你是深情地祝福四化建设，
要为振兴中华奋力拼搏；
还是在对人生作着哲理的思考，
要把未来生活的大道勇敢开拓；

你也许要敲响时间的每一个琴键，
让青春发出铿锵韵律，奏出优美长歌；
也可能想把自己的姓名写上入党志愿书，
为实现英特纳尔奋战到最后一刻；

你呀，或许想趁着黄金年华，
要在长青之树挂满知识硕果；
或许要抹去泪水，迎着新时代的晨光，
走向新时代的高山大漠！
生活啊，是这样多情，又这样严峻，
人生的道路漫漫修远，又充满波折；
岁月啊，是这样悠长，又这样急促，
能做一个坚强的勇士，也能成为来去匆匆的过客。

亲爱的同学啊，我年青的朋友，
是驾驶生活呢，还是逐流随波？
祖国的后备梯队啊，教育战线的未来战友，
是走向事业的凯旋门呢，还是徘徊，迷惑？！

刊于1984年岁末第14期
作者为中文系教师

走出黄土地

马继权

微笑着走出
被古老的自豪的历史束缚的土地
黄河的摇篮已经摇破
高原上几万万被愚昧吞噬的灵魂
正注视着一个个健壮而潇洒的青春
历史的断带犹如龟裂的黄土地的沟壑
塑造出这群风沙四季吹打的歌手
挣扎的喉咙挽起明天的大路
歌唱着
那在穷山恶水里苏醒的村落
歌声填充了宇宙的空白
从此要让富裕把爱情和文明拥抱
这片黄土地啊
古老的民歌的调子正在被忘却
新的性格在撞击山脊
茅屋和黄土泥碗里的童话呀
也被他们的儿子埋葬
歌唱自己的双手但不歌唱贫穷
他们仍然是祖宗的后代
从父母欢喜笑容所掩饰的一丝沉重里
寻觅着撑天的大锤
要砸碎女娲补过的倾斜的天宇

循着夸父逐日的路线
寻找新的太阳
重新铸造万里长城

刊于 1986 年 2 月 24 日第 1 期
作者为中文系 82 级学生

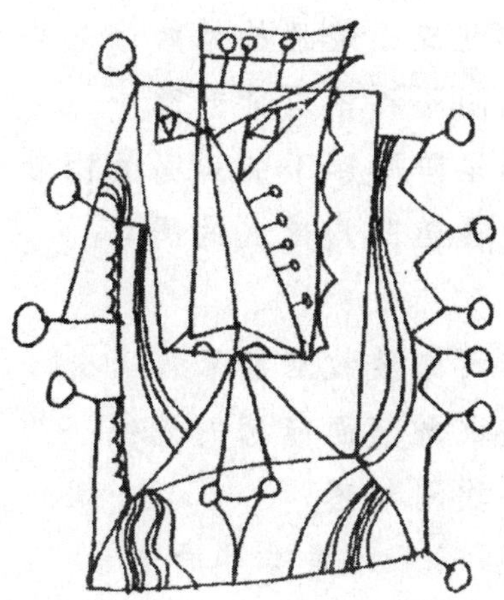

男人河

马继权

终究是个男子汉了
从泪水的怒潮和浪花的嬉戏
从手里的木枪和头上的花环
从第一声啼哭的娇嫩
和最后那沉重的叹息声中
艰难地跋涉
月亮成了羞涩的姑娘
太阳不再单调地升落
那里阵阵飘下的鲜亮的雨滴
稀释着阴沟恼人的恶臭

在河中放牧着船只
追逐渺茫而依稀的光线
再次用幻想
不,眼下已是哗哗的流水
汗水淌过隆起的胸肌
走哟!
远山震裂的回响
唤醒蛰伏在心底的雄狮
于是五脏被利齿扯碎
停滞在喉咙的声音向天空喷射
苍茫十分

哪里是夜色，我在寻找……
我感到窒息呀
但我有片刻或从此以后的欣慰

这是一渠用男人的血和泪汇集的河
无数灵魂和肉体的掺和
喂养着撒欢的鱼儿和幸福的人类
固然我要像祖先那样慷慨地倒下
但不必担心饥饿使者的纷争
我是人呀
我的双腿正在前伸
我的思想洪水般地泛滥无忌
该思念那个伊甸园
和那个勇敢偷吃仙果的祖先
那另辟蹊径的举动
是女人河流的最初一滴水
不要埋怨它是如何的孱弱
智慧不是等待的果实
是那么个夜晚
男人的一条肋骨变成了女人
一个风度优雅的女神
渡过愚昧的大海，又穿过最后一次
　　巨潮
男人的风格和女人的风韵
才开始漫过原野

高举自己燃起的火把
当从四面八方走来的人们
组成一支浩浩荡荡的大军

固然渴望的心儿
自然地加快了坚逐的步履
也看到了
那是一个下巴泛青的小伙儿
那是一个神气十足的妙龄女郎
……
用自己的躯体
砌垒着那座断壁的世纪的桥梁
手挽着手和自己的祖先拥抱
会晤着
草原的秀气、田野的风光……

终究是个男子汉
不会因任何恐怖惊讶
流血有时会给更多的人以未来的笑声
晨钟响过之后
太阳也要出发
无穷的威慑力给大脑以火样色彩
冲击波开始辐射到血液
于是吟着：
天高路长，思绪飘飘如飞蝶
神清志满，步履悠悠恰春风

刊于1986年6月16日第5期
作者为中文系82级学生

星　星

齐忠伟

小时候
星星是天上的洞
雨滴从那漏下
叮咚　叮咚

下雨了
天上没有星星
妈妈说，星星都掉了
像雨点一样飘零

后来星星是梦
童心是睡眠
好奇是灯影
在天上找我
我是落下的星星

终于有一天
星星是情人的眼睛
天天注视着
又飘忽不定

到了爸爸的年龄
星星还是星星
不是窟窿
不是眼睛

刊于1986年6月16日第5期
作者为中文系84级学生

青春的历程

姜　伟

是世界选择了我们
还是我们选择了世界
面对人生的提问
我们应举起真正的答案

心还在历史的小巷徘徊吗
可是路已经铺向遥远
我们古铜色的信念
扬起青春的自信和黑发
安逸的日子是我们的期望
坎坎坷坷更使我们轰轰烈烈

有时，我们会走过
一段空旷而寂静的黄昏
在迷惘的十字路口
孤独浸透多梦的年纪
而先行者留下的路标
预示今后艰巨而蓬勃的日子

无谓的陶醉不是我们的渴望
青春经历了长长的甬道之后
我们宽阔的双肩
长出明天的成熟

刊于1986年9月22日第9期

作者为中文系83级学生

绿色的希望

张林娜

告别儿时的摇篮
扬起青春的风帆
瀚海中
我驾驶着绿色的小船

泛着痛苦与欢欣的浪花
载着绿的春风、绿的信念
掬起一捧捧绿色的希望
撒向浪尖、撒向海湾

当我到达绿的彼岸
这绿的希望被海水冲淡
海湾的绿是那样地浓重
那里有我的新绿点点

刊于1986年10月20日第11期
作者为中文系86级学生

沁园春·抒怀

宫黎明

"而立"西归,"不惑"东来,日月似梭。忆朝阳插队,饮冰茹檗;辽南落户,暴虎冯河。幸做人师,遂成归宿,几度阴霾罩六合。常自戒:正行舟逆水,留意风波。

冲决地网天罗,喜大辂椎轮轶事多。更鼎新革故,独辟蹊径;招贤纳士,不拘一格。余至中年,躬逢其圣,报国唯愁技艺薄。勤珍重,创小康问世,对酒当歌。

刊于1986年12月20日第13期

作者为生物系教师

我不相信

忠　伟

我不相信
你说世界很小
我们如悲哀的楔子
被命运之锤打入缝隙
直至腐朽
不能自拔
我不能相信
你说世界很大
我们如一尾鱼
窜游于人海却找不到
归宿在哪里
我不相信
你说生活如落叶
从不幸向不幸间
飘移
如果真是楔子
我要呼喊
命运之锤给我以敲击
如果真的是鱼
我要呼喊：
“渔夫，请撒我以网！”
如果真是落叶

我将呼唤火：
“请给我生命的光辉！”

刊于1987年3月9日第2期
作者为中文系84级学生

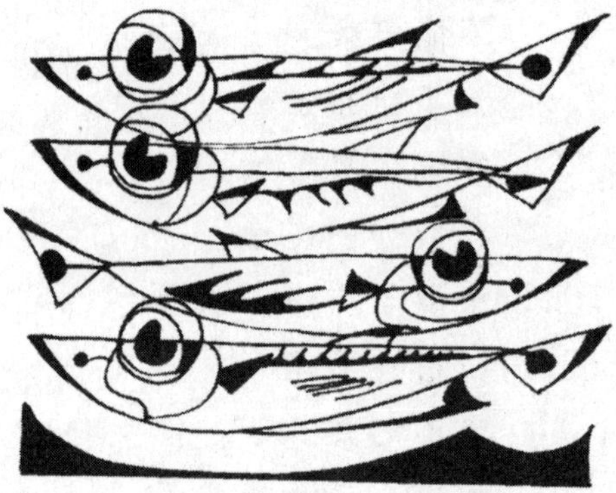

年　龄

刘惠汉

走过那条小街
我已长高了许多
我的胡须刺穿童心
梦幻开始游离于
　　宇宙之外
窥视许多秘密
在那久远的时刻
我独自用目光嫁接
各种形状的面孔
生出的结论　令我
惊讶不已
我发觉
我又长高了
或者我漫步于
山野或亭台阁榭
雕饰身影
觉得无愧于自然
无意之时失却自己
成为一种风物
我开始思索
镜中的我　也许

不是另一种征象
尽管岁月给我留下
　　许多记忆
年龄的影像
却是永恒的雕塑

刊于1988年4月18日第3期
作者为中文系84级学生

终点图腾

孟曙光

你的双脚踏在
终点与起点之间
去意徘徊
思绪随地球一同旋转

青春不再因岁月无情
而显得白发苍苍
汗水滴成的印痕
在无声之屏留下图像
此时叹息将成为一部
无字的历史

你不应有羞赧的暗示
在终点
你要勇敢地立下一块碑石
铭刻永恒的图腾

刊于 1988 年 6 月 24 日第 5 期
作者为中文系 87 级学生

起程，我不回头

常志鹏

手捂着缝合后依然滴血的皮肉，我不回头
望着眼前荆棘丛生的交叉路口，我不回头
面对探寻、审视交织在一起的目光，我不回头
一旦起程，便如洪水奔流，绝不回头

春天，我不回头，是渴望夏的白昼
夏日，我不回头，为着浇灌沉甸甸的丰收
雨天，我不回头，唯恐节奏难留
晴日，我不回头，因为没有理由

我不回头，哪怕第一万次被挡在命运的门口
我不回头，即便漫漫天涯路永无尽头
我不回头，哪怕变故突然让我遗憾不休
我不回头，只要自己的影子还在身后

我相信：宇宙热变不致销毁地球
我相信：对不懈追求大地赐予丰厚
我相信：每次抽播不会全让时光冲走
我相信：自己这不需依托的瘦削肩头

起程，我不回头；前进，我不回头

潇洒地向过去挥手，争未来不尽风流

刊于1988年10月28日第8期

作者为中文系87级学生

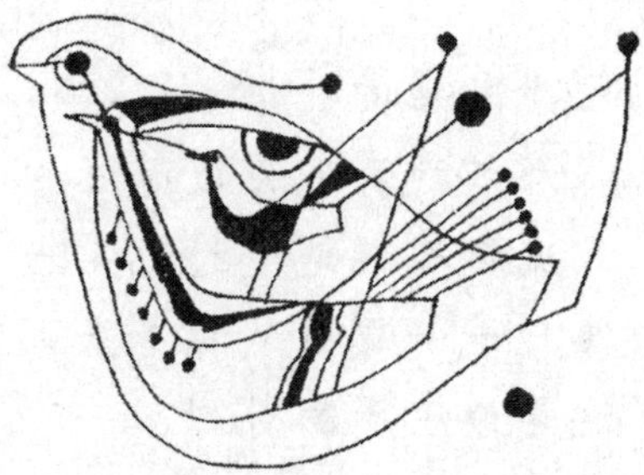

钟声或回忆

王秋生

钟声在雪野里打洞
心事在杯盏里激荡
激荡是青春磨砺的剑刃
一千次踏出记忆的血痕
一千零一次举起生命的拳头
打翻自己　在拥挤的时代
想做一个真正的人

阳光是活的
水却被现实冻得寂静
人成群成群地走过
像日子一页页从我身上剥落
这是最庄严的时刻
无数童话滑向感觉的平原
而在平原上心才能平坦
平坦地注视以往的某一天

钟声继续在雪野里打洞
心事平静地流回心里

刊于1988年12月23日第11期
作者为中文系85级学生

细诉

徐晓丽

可曾听过杜鹃的轻啼?
可曾闻过含羞草的细语?
世间生灵都有自己的秘密,
对知遇者畅说不已。

晨晓初见时,
森林里有浓浓的绿意,
我迷失了自己。
一个精灵把我轻轻唤起,
它晶莹剔透,纯洁而美丽。
我寻回了自己。
对它细诉怅惘与希冀,
心理的慰藉,
我已不再迷离,
生者有存在的价值与意义。

刊于1989年4月24日第2期

作者为中文系88级学生

汨罗怨

——旅顺鸡冠山怀古

王 遐

云掩淡瀛洲，浪涛拍岸，极目苍茫天府。空城晓角，遍地遗骨，倦游悲切欢意少。过眼处，江河依稀，只是几多新愁。且看今朝，占取中朝乾坤。

金戈铁马绕梦中，忆起碧痕，当年有无？寒水碧荡，栏杆拍遍，忽思前番割据。长恨处，冷月击碎，一例分付风雨。匡复日，奋飞来矣，未苦入望。

刊于 1989 年 11 月 23 日第 8 期
作者为中文系 87 级学生

海（组诗）

刘宝斌

月　夜

墨色的远山支撑着
思绪在沙滩上游荡
扒开潮水的鱼尾纹
勾起几多伤心的往事
滴落几行苦涩的泪
却被温柔的目光拭去
在深沉、博大的怀抱中
一肚子怨气，顿时化做
柔情一片

沙　滩

本与大地同胞
沉默的胸怀
是爱情的温床
虽无绿的情丝
却飘荡着蔚蓝色的梦
用柔软的身躯
添平一切记忆的足迹
来迎接勇敢吧
为追求者托起一线希望

拾　贝

华丽的装饰
掩盖不住生命的衰竭
无数次海浪的洗礼
心中的渴求
在昨日的梦里还没有醒
躺在阳光下只有叹息
海潮声也许是永恒
海水在淘汰
我也在选择

刊于1990年4月16日第4期
作者为教育系89级学生

沙粒的诉说（外一首）

张甲利

我是浪峰巅的一颗沙粒
一次次潮涌的轰鸣
使我几度浪谷波峰
是大海把我摔打成珍珠
闪烁在水天一线
融于一团火红的生命

你告诉我
不要总是在小说中
寻找生活
那样
生活的落差
会使你永远寻不回自我
你告诉我
不要总是仰头看别人
低头观自己
那样
超负荷的心灵
会使你陷入
自卑的旋涡

你告诉我
摇响归属于自己的风铃
冲入呼啸的生活
因为既然存在
你也是一颗星
自有那一份光泽

刊于1990年5月22日第5期
作者为中文系88级学生

绿色的纪念

陈建新

绿色的庄严
是我童年的崇拜
绿色的挺拔
是我幼年的诺言
“大盖帽”托起蓝色的天空
整齐的脚步把大地震撼
于是
青春的竹竿
成了胯下的战马
挥舞木刀大声呐喊
喊出那一声骄傲
喊出那一声浪漫

而今
我真的挺起了胸膛
挺起我的自豪
挺起绿色的威严
而今
我真的端起了枪
端起了童年的渴望

然而
我还得做一个
不懂事的孩子
学走路
学铺床
顶着太阳
去完成幼年诺言
童年的向往

绿色
不再是童年的梦幻
那是苦涩的结晶
是意志的磨炼
也是我青年的纪念

刊于1991年9月25日第6期
作者为物理系91级学生

把今天给我

刘永川

不知道，也不想知道
撕去最后一页日历的
是冬雪的纯净，还是春风的柔顺
是往事的追悔，还是未来的诱惑
我只想说
把今天给我

无论多么诱人的回忆
都将陈旧成一把锁
不管怎样辉煌的憧憬
终究归结为一首歌
只有今天是真的
是一切现实的集合

我不会去找任何一位哲人
做我的庇护者
我只想说
把今天给我
只有今天的日华月晔
才会洗涤失意和过错

乘着祭奠去年的雪絮
我用自己的名字编谱战歌
只要明天还在
只要把今天给我
我相信，世界上不会遗憾的人中
　　一定有我

刊于 1991 年 12 月 23 日第 10 期
作者为中文系 91 级学生

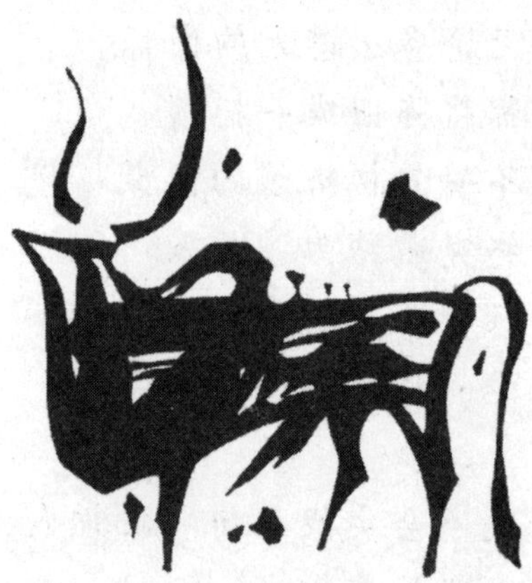

山乡记事(组诗)

姚婉琳

九二暑期,赴绥中县加碑岩乡进行扶贫和社会调查。途中多有所感,连缀成篇。

卖服装的女孩

逢乡集,见一女孩摆摊卖衣,问年纪,14 岁;上学否?不能上了。回答时,眼中冷淡,木然。还有一丝不能言传的隐痛。

于是
我不能再问
是什么使你走出了校门
当所有的花朵都在歌唱
　　所有的星星都在低吟
是什么使你
在这人生的集市上
兜售你的年轻
兜售你的梦想
兜售一切曾有过的希望与追寻

于是
我不能再问
我只能默默地望着
望着你
望着那满架的花衣裳
在阳光下　美丽得让人伤心

辘 轳 井

加碑岩没有自来水，亦无机井，山里人取水全靠一下一下地摇辘轳，日复一日，年复一年。

摇起木桶
摇起沉甸甸的清冽
缠绕的井绳
缠绕着翻不过的一页

你肩上的日子
都流去了哪里
那累累的磨痕
能否承载
悠悠远久的岁月
当季风
万古不变地踱过心野
热情已在咿呀声中冷却

山峦静寂
残阳如血
一片深重的呼吸
永远不会止歇
一个沉默的背影
久久　不能　湮灭

山村教师

黄木一小，共有教师二人，其中一人因故长期不能授课，于是，另一名教师毅然承担了五个年级所有科目的教学任务，并肩负着从校长到工友的所有职责。

这是怎样的一种生命

这是怎样的一片深情

苍茫的群山
为你作证
它知道　那片片心园
有你播下的火种
它知道你曾用你
疲惫的双手
支撑一方晴空
支撑一个个　芬芳的梦境

山里的季节
曾变黄变绿
山间的泉水
也曾被霜叶染红
可山路上　拂不去你的身影
山林间永远有你
欣慰的笑容

山外的我们呵
还有什么值得骄傲
还有什么理由　抱怨前程
因为与你
穿行在同样的蓝天下
因为有你才深深地知道
什么叫蜡烛
什么叫做　园丁

刊于1992年9月10日第6期
作者为外语系90级学生

日 记

王金鹏

日记中有怒放的春兰，有亲人重聚的醇酒，
有易水边死别的悲壮，少女初开的情窦，
有昂首长吟，有悄然回首，
有重阳日里萧萧落木，有月圆时节寂寞冷袖，
日记是我的朋友
无论风凄雨冷，露寒霜骤，
我失意时，我的笔蘸着泪水把失败送走，
小小的困苦对年轻人算得了什么？
昂起头！
我胜利时，还未拿起笔，日记已向我伸出手，
祝贺你呀，还有你苦苦的奋斗，不懈的追求。
我愤怒时，她温情似水，理智之泉早把发烫的笔锋渍透。
我狂喜时，她悄声嗔怪：
要走生活的路，就变成稳重的黄牛。
我用心书写着你，我的理想之舟，
我乘着你航过险滩恶流，
你是我十九岁青春的升华
　是我心中的北斗，
你是我生命的轨迹，
　生命的范畴。

我记得你送给我的箴言：

让过去是珍珠，无论散放、还是成串，都永远闪光、不朽！

刊于1993年4月17日第2期

作者为外语系91级学生

寻觅幸福

——读海明威的《老人与海》

刁　鹏

以一种精神傲视
遥远的海平面
平稳的行动震颤着
海浪的心灵
老人与海的较量
是盐结晶以后
刻在额头上的一道道深纹

老人倔强地挥舞着拳头
挥舞着鲨鱼的血肉
鱼的骨头就在
航行中　闪出光痕
海滩上行走的狮子
是老人梦中的景物
老人的梦以预言的方式
证明下一个世纪的我
漫步在海边
海水和蓝天一样的颜色

陆地对航海的人来说
是幸福的彼岸

到达陆地后远离此岸
睡眠也是一种工作
此时　老人与我
重新找回幸福

刊于1993年5月10日第3期
作者为中文系90级学生

春天的文字

刁　鹏

春光明媚的中午
我缓慢地走向文字
尽量地小心翼翼　毕恭毕敬
以博得它的欢心
也只有这样　一笔一画
才能在天空般的脑海中游浴

春光明媚的时候
海水仍然很凉　浓郁的
腥气掺和着礁石的苦涩
使文字在我的舌苔上
蹦跳了许久
文字和春天结合起来
和海水联系起来
化作鱼儿或是眼睛四处游移的壁虎
静静地窥视着人类的一举一动
而把我置之度外

永久地盘旋于花上
飞舞在心灵深处的文字

经过春风的抚摸
海水的浸泡后　变得
愈加晶莹
愈加成熟

刊于1993年7月7日第4期
作者为中文系90级学生

年轻的岁月·绿色的风

——赠教官

孙晓波

你飒爽英姿来到我们中间
便有一缕绿色的风永驻心上
偶尔的乡音透着你的淳朴
真诚的眼睛充满智慧和善良
二十几岁的你　有着
和我们同样的纯真
也曾放飞
一个个美丽的梦想
我们快乐地聊天
谈起凤城——你初次当兵的地方
还有湖北——你日夜思念的家乡
你说
羡慕我们自在的校园如天堂
可我们
却热切地把神秘的绿色向往
同生在蓝天下
你选择了橄榄绿和战场
而我们
则献身红色的烛光
同样年轻的心　有着
同样青春无悔的渴望

有我们年轻的岁月
便有沸腾的热血流淌
去迎接暴风雨的挑战
雨后的天空会因我们而更晴朗
让我们用力量与热情
共同托起共和国明天的太阳

刊于1993年10月8日第6期
作者为中文系93级学生

旅俄抒怀

景　禹

谒红场

拜谒红场，瞻仰列宁基，追寻伟人业绩，令人感慨万千。

一代宗师虽已去，静卧凝神如运筹。
竖看现代世界史，谁人比他更风流。

号召革命开新篇，国际风云眼底收。
首创苏俄先胜利，捷足炮声仍回鸣。

唤起大众镇白匪，挥戈红军驱群雄。
作战韬略出帷幄，决胜千里彰神勇。

巩固政权显魄力，赤胆横扫旧传统。
痛斥官僚更机关，锐意改革树新风。

鞠躬探索求真理，终生奉献不居功。
行作楷模身示范，精神财富炳丹青。

列宁形象不可侮，篡改史实忤众情。
领袖丰功难诋毁，红场仍耸是见证！

贝加尔湖感怀

列车沿贝加尔湖岸行驶多时，赏罢景物，心意凝重。

高山挽明珠，翠地拥大湖。
人钓水底鱼，鸟入天边雾。
放眼贝加尔，情邀汉苏武。
前事尚难忘，温故知荣辱。

归　来

出国考察月余，一踏上国土就很激动，真是“多情应笑我”。

列车呼啸进国门，春风拂面倍觉亲。
二连换轨固边塞，先辈决策鉴丹心。
莫忘前朝应枕戈，凝聚中华民族魂。
游子归来报命日，领悟真谛长精神！

刊于 1994 年 4 月 18 日第 2 期
作者为政法系教师

教官——军人·老师·朋友

李铁松

他是个普通军人，
但他不是个普通人。
他拥有
军人的魂，老师的爱
朋友的真情。

他的魂萦绕着大海，
无边无际；
他的魂缠绵着山谷，
坦荡无底；
他的魂似草尖上滚动的露珠，晶莹剔透；
他的魂似炼炉里迸出的钢花，坚强刚毅。

他的爱比慈母严肃；
他的爱比严父温柔；
炎夏中，他的爱是酣畅的甘霖，
生命里响着拔节的声音；
隆冬里，他的爱是洁白的雪花，
心灵中塑造着世界的端庄。

他的真情比友爱博大；
他的真情比情爱高尚；

他的真情是沙漠里的绿洲，
燃起黑夜里的篝火；
他的真情是弓形的桥梁，
架起彩虹般的希望。

啊！他——我们的教官，
一个普通的军人，
不普通的老师，
更不普通的朋友。

刊于1994年10月17日第7期
作者为生物系94级学生

老将行(外一首)

颜邦逸

见报载慕湘将军不顾名利,辞职著书,成革命历史系列小说《晋阳秋》等百余万字,总题《新波旧澜》。爱国报国之心莹然纸上,可钦可敬,感而有作。

男儿征战岂肯休,如虹壮气指斗牛。
不觉霜鬓风飕飕,英发初著《晋阳秋》。
书生投笔成良将,将军解甲仍运筹。
《新波旧澜》可神游,江河一泻浩难收。
百万文侔昆仑丘,岂但书优人更优。
勇参造化身舵舟,人生何志不可酬?

赠别张弘

中文系副教授张弘先生原籍上海,执教本校十余年,勤谨敬业,学问渊博,著作颇丰,海内知名。顷获华东师大中文系之聘,即将解职南还矣。先生素受系内师生敬重,为余忘形之交。临别依依,赋此聊表寸心,辞难达意,不恤也。

十载数晨夕,忘形尔汝余。
生涯倏南北,学问贯中西。
敏锐愚犹见,腾骧谁可及?
悠然抟浪去,相忘胜相濡。

刊于1994年11月25日第9期

作者为中文系教师

热爱生活

温长军

也许，我瘦弱的身躯像海上的孤舟
踏不尽自己命运的波折
但请听我惊涛骇浪里的声音
仍在反复宣告：我热爱生活

也许，经过雨打风吹之后
我可能被荒烟蔓草湮没
那请在沙土之下寻找我的碑文
上面仍会刻着：我热爱生活

我不在乎前行的每一步要以痛苦为代价
我有信心让生命像一团烈火
我要融化周围固执的冰雪
要让岁月铭记：我热爱生活

其实，我很珍惜属于我的那条山路
尽管它是那样曲曲折折
正是在这条路上艰难跋涉
我才意识到人生的价值是什么

我执著地朝着太阳的部落前进
不怕旅途中荆棘把皮肤划破

就让每一步留下的血痕
唱出一首属于永恒的生命之歌

我有着不甘臣服风雨的性格
虽有失落我仍勇敢地向命运挑战
我顽强地活着，真实地活着
因为我相信明天，因为我热爱生活

刊于 1996 年 7 月 10 日第 7 期

大连题咏

颜邦逸

大连一向得天时、地利、人和之美。自改革开放以来，经济、文化日新月异、气象万千，城市风貌俊伟朗畅，自然、人文环境清新醇和，爽心怡情。景仰流连之余，礼赞之辞不觉涌溢而出。

冬温夏爽雨风香，宛佩黄渤碧玉璜。
广场园林星欲宿，服装歌舞日光昌。
楼迷欧亚入诗境，车载仙凡驰画廊。
花亦倾城人亦隽，北方香港逊苏杭？

刊于1997年6月2日第5期

作者为中文系教师

蒲公英

蒋晓冰

即使在沉睡中，
也把身体弯成船，
梦中，漂泊四方。
什么也挡不住理想，
放飞的日子，
个个斗志昂扬，
张开伞，
去寻找梦中的故乡。
故乡啊，
你的温柔里找不到
　　我的梦想，
你的目光中荡不动
　　我的双桨。
我要到远方
　　流浪，
去实现
　　——蒲公英的向往。

刊于1997年11月14日第10期
作者为历史系96级学生

少年游

石静波

我从垄上走过
心中有五彩的城
春风啊
你化不开蜜一样的梦境
月　也朦胧
鸟　也朦胧

我从城中走过
心中有天边的潮
远方啊
你的花枝在晚照里燃烧
风　也潇潇
雨　也潇潇

我从天涯走过
心中是小小的家园
故乡啊
教我如何向你诉说
我　也无言
你　也无言

刊于1998年4月20日第2期
作者为政法系95级学生

心的呼唤

马　闻

国家大事要关心
身边小事要留心
改造世界有雄心
吃苦耐劳要忍心
干部要有事业心
学习经验要虚心
观察事物要细心
初入社会要小心
遇到挫折别灰心
善意批评要欢心
克服困难有恒心
路人谈话要戒心
朋友谈话要交心
完成任务要尽心
交朋交友要真心
生意场上别黑心
公平竞争讲良心
爱岗敬业要忠心
投身改革献红心
紧跟党走不变心
管理企业要铁心
经营运作要苦心

腐蚀拉拢不动心
对待敌人要狠心
同志之间要关心
服务于人要热心
助人为乐要诚心
思想工作要耐心
工作分配要安心
干好工作有信心
工作失误要痛心
改正错误有决心
干群之间心贴心
学习起来要专心
老师讲课别分心
荣誉面前少用心
金钱面前无贼心
家庭生活要顺心
夫妻之间要同心
对待父母尽孝心
教育子女要操心
扶老携幼献爱心
无私奉献暖人心

刊于 2000 年 6 月 12 日第 5 期
作者为校机关干部

人生日记

刘 影

人生 是一本厚厚的日记
它博大精深 蕴藏奥秘
它的充实是时间的汇积
它的美丽来自汗水的凝聚
放下清高除去虚伪
让真实纯粹填满丝丝空隙
多一分自信 增一分勇气
让泪水化作冰滴雕刻在心底
让欢笑成为浪花跳跃于诗行
即使在雨季 即使在严冬
日记里也充满七色阳光
翻阅它 五味的回忆
品读它 生命的真谛
一本用心记载的人生日记
道出一个无怨无悔的自己

刊于2000年11月6日第9期
作者为政法系2000级学生

沙砾·风

王 丹

暗夜的风　清冷的月光
谁的霜华照一世地老天荒
谁怒放的秦腔　谁嘹亮的歌唱

隐隐的金戈铁马　是你相伴的雄壮
万里的长天飞沙　是我无悔的天涯

当绝地里响起了千古的绝唱
我想对你说
我是你怀里的沙砾
而你
是我绚舞时亘古的悠扬

刊于2004年12月1日第7期
作者为教育学院2003级学生

如梦令·冬日游千山

长　川

辽南第一山幽，
松涛浪涌不休。
似莲美如秋，
万绿丛中最优。
神留，神留，
春来吐翠更秀。

两只蝴蝶（外一首）

长江东去不歇，
两处相思情切。
心有千千结，
托与双飞蝴蝶。
难借，难借，
情中唯此最烈。

刊于2005年4月18日第3期
作者为文学院教师

后 记

集新闻、理论、文化于一身的《辽宁师范大学报》，紧紧围绕学校的中心工作，唱响主旋律，在进行正确舆论引导、推动校园文化建设等方面发挥着独特的功能。《辽宁师范大学报》副刊历来是文学爱好者抒情写意、畅叙心怀的精神家园，因此也吸引并培养了一批又一批优秀的作者。创刊以来发表诗歌、散文、小说等文学作品逾百万字，其中不乏笔力独到、寓意深刻的佳作。尤其是诗歌作品，形式上不拘一格——古今兼备，韵散结合，内涵上丰美完足——发乎真情，歌以咏志，在艺术上具有一定造诣，值得我们玩味。

对于艺术来说，美是在创作中诞生、在欣赏中完成的。作为编辑者，我们以欣赏的姿态对建校55年来《辽宁师范大学报》上发表的所有诗作进行了搜集、整理，以反映时代风貌、体现理想信念、表达真挚情感、富有艺术价值为原则，在近两千首诗作中选出200余首。由于校园生活有着鲜明的文化、年龄、季节等特征，我们根据这些特征和内容，将全部诗作分为五大类："激情放歌"中入选的多是有关节庆、纪念日、伟人的作品；"心语流年"中入选的多是迎接新生、送别毕业生的作品；"情暖学旅"以讴歌母校情、师生情，抒写亲情、友情、爱情为主；"四季物语"以描绘校园风物、吟咏家乡、歌颂祖国山河为主；"砺志畅怀"中多是表达理想、志向和其他咏物抒情的作品。由于编选水平及篇幅的限制，很多佳作不得不割爱，恳请多年来关注和支持校报发展的诗作者们海涵。

适逢学校55周年华诞，历史赋予我们这样一种责任和契机，挖掘并弘扬55年来丰厚的文化积淀，实为幸事。学校各级领导对诗集出版给予关怀和支持，出版社、校务办、学生处、档案室等部门鼎力相助，在此一并深谢。在历时两个多月的筛选、输入、核实、校对工作中，宣传统战部的同志付出很多心血，尤值一书的是已退休的老编辑刘凤煜同志，他不仅参与了初选工作，还为核实作者院系、年级提供了大量宝贵线索。对于入选诗作者不再支付稿酬，有需要样书者，请与校报编辑部联系。

付梓之际，轻掩书卷，那些泛黄的新闻纸上所承载的时代命运，那些虽处在不同历史阶段却同在人生黄金时代的大学生们所吟哦的百转情怀，常常穿透岁月的风尘，令我们欷歔感叹，也希望它们能直达读者的心田，给大家带来一些美、一些爱、一些生命中的纪念。

编者

2006年3月

图书在版编目(CIP)数据

载歌行/张广鑫,赵慧英主编.—大连:辽宁师范大学出版社,2006.4
ISBN 7-81103-308-9

Ⅰ.载... Ⅱ.①张... ②赵... Ⅲ.诗歌-作品集-中国-当代 Ⅳ.I227

中国版本图书馆 CIP 数据核字(2006)第 033704 号

责任编辑:刘月娜
责任校对:王　丽
封面设计:方力颖
版式设计:方力颖

出 版 者:辽宁师范大学出版社
地　　址:大连市黄河路 850 号
邮　　编:116029
营销电话:(0411)84206854　84215261　84259913(教材)
印 刷 者:大连海事大学印刷厂
发 行 者:辽宁师范大学出版社

幅面尺寸:160mm×230mm
印　　张:23.5
字　　数:305 千字

出版时间:2006 年 4 月第 1 版
印刷时间:2006 年 4 月第 1 次印刷
定　　价:28.00 元